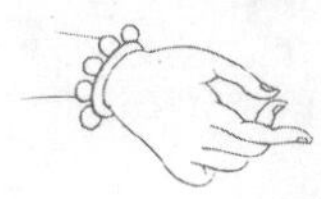

全面・詳實・生動・權威

佛教百科

【藝術卷】

超越宗教獲得靈性灑脫之美

緣起追求莊嚴肅穆氣象

丁明夷◎著

【前言】

佛教藝術起源於印度孔雀王朝的阿育王時期。佛教藝術包含的內容非常豐富，舉凡建築、雕塑、文學、音樂等表現佛教信仰和宗教生活的作品，都屬於佛教藝術的範疇。

佛教在傳播的過程中，佛教教義被化為雕塑、繪畫等形式加以藝術表現。而在西元二世紀之前，佛教藝術品中並沒有佛的形象。直到印度貴霜王朝時期，才打破這一禁忌，並創造出兩種代表性的佛像雕刻藝術和秣菟羅藝術。笈多王朝時期，這兩種藝術相互借鑑、融合，完成了希臘式佛像向印度式佛像的過渡，印度佛教藝術發展到了自己的黃金時代。

西元紀年前後，佛教傳入中國。佛教在中國歷經兩千年，得到廣泛發展傳播，並與中國傳統文化相結合，形成獨具特色的中國佛教藝術。中國古代流傳下來的佛教藝術，主要由佛教寺院藝術和石窟藝術組成，佛寺和石窟又都融建築、雕塑、繪畫等於一體，它們是世界佛教藝術遺產的重要組成部分。

中國古代佛教藝術最光輝燦爛的時期當屬隋唐。隨著隋代全國統一和唐代經濟、國力的發展強大，中國佛教發展到鼎盛時期，創立了許多新的佛教宗派，這些宗派的發展演進在佛教藝術中都得以充分體現。隋唐時期最具代表性的敦煌石窟藝術，也進入全新階段，達到印度佛教藝術與漢文化的完美融合，開創了敦煌藝術的盛期。敦煌石窟的雕塑、壁畫等佛教藝術品和敦煌藏經洞保存的文物，開啟了敦煌學的研究，敦煌學逐漸風靡世界。

中國佛教藝術歷經千餘年，創造出大量的文化藝術珍品，不僅反映出各時代佛教的發展變化，也為研究歷史上建築、雕塑、繪畫、文學、音樂，乃至人們日常生活、生產活動等歷朝社會風貌提供了具體真實的形象資料。

本書對佛教藝術的主要形式進行了介紹，希望讀者不僅能夠從中領略到佛教獨具的藝術魅力與審美價值，也能領會到佛教獨特的內在精神。

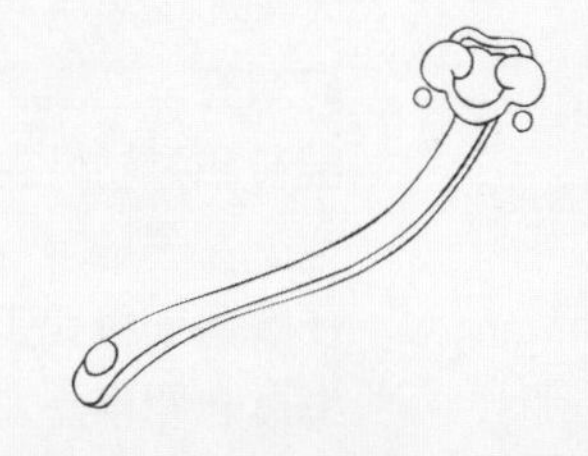

【目錄】CONTENTS

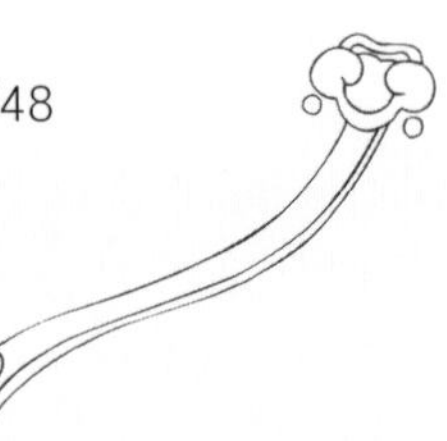

目錄 CONTENTS

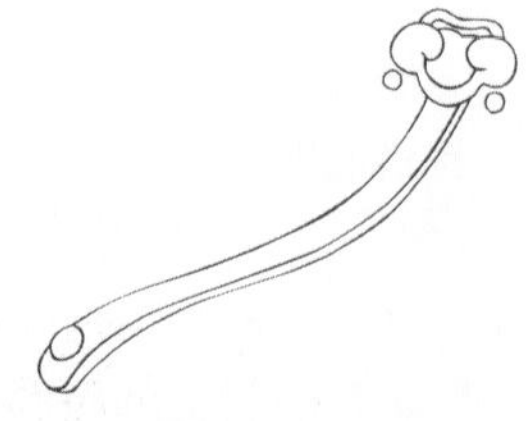

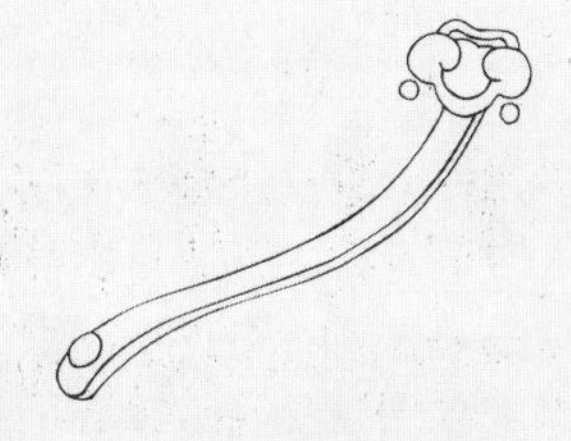

什麼是佛教藝術？

佛教藝術隨著佛教的產生而產生，主要由佛教寺院藝術和石窟藝術組成。佛教石窟仿照寺院形式而建造，佛寺和石窟又都融建築、雕塑和繪畫於一體，它們是世界佛教藝術遺產的主體部分。

人創造了宗教，而不是宗教創造了人。宗教藝術也是這樣。為了用譬喻的方式，宣傳宗教教義，幾乎是伴隨著宗教的產生，宗教藝術應運而生。一般說來，宗教藝術的基本職能是特定時代的宗教宣傳品，它們首先是一種信仰和崇拜，而不是單純觀賞的對象。藝術就其職能而言，帶有宗教性，它是宗教膜拜的一種儀式，它們的美的理想和審美價值是為宗教內容服務的。這種宗教膜拜，要求布置一種與人們日常生活環境不同的，充滿象徵、超自然力量的特殊氛圍，以虛幻的形式去反映現實世界。因而，具有審美效果的宗教藝術形式及其手段，能使宗教信徒在藝術享受中接受宗教感情和感受，在潛移默化之中表現宗教的基本思想。這就是說，宗教藝術一經納入膜拜體系並在其中履行一定的職能，宗教思想對藝術的內容和形式便必然產生深刻的影響。宗教藝術伴隨著時代的變遷和現實生活的發展，以自己特有

的方式發展變化，古今中外，概莫能外。

這種為宗教內容服務的藝術，也正因如此，其本身便具有宗教和藝術的雙重職能，兩者間有著複雜、矛盾的關係。宗教及其藝術，在歷史發展中相互作用、滲透和交織，彼此融為一體。同時，藝術在這種發展中也逐漸擺脫宗教的影響，得到越來越大的獨立性。當宗教職能消失後，具有審美價值的宗教藝術品，仍留存人間，給人們以美的享受和歷史的回顧。

中國古代流傳下來的宗教藝術作品，主要是佛教藝術，它包含的內容十分豐富，舉凡寺塔、石窟、版刻、佛畫、藏經、佛曲、金石文物、佛教文學（變文、寶卷等），種類繁多，不一而足。就佛教造像而言，佛像的門類即有金鍱像、鑄像、雕像、塑像、夾紵像、瓷像、繡像、織成像、泥陶像等。

遍布大江南北的佛教藝術品，不僅反映了各時代政治、經濟、宗教、文化的曲折變化，而且隨著宗教職能的逐漸消失，珍貴的佛教藝術品還成為人們研究歷史上建築、雕塑、繪畫、文學、音樂、舞蹈、天文、曆法，乃至人們日常生活、生產活動等方面具體真實的形象資料。中國佛教藝術的審美價值和歷史作用，正日益被現代人們所理解和欣賞。佛教藝術這種舶來品，已成為中華民族藝術遺產的一個部分。

◀ 緬甸仰光大金塔，又稱瑞光大金塔，建於西元前六世紀，是緬甸著名的佛教建築。

▼ 桑奇大塔極具特色的牌坊，其浮雕嵌板內容多為佛傳故事和佛本生故事。

為什麼印度早期佛教藝術中沒有佛像？

早期佛教思想認為，佛陀是超人化的，不能具體表現其相貌。所以早期佛教藝術品中表現佛前生（本生）和今世生平（佛傳）的浮雕故事畫，都以象徵手法出現，並沒有佛陀的形象。

印度阿育王時期（西元前二七三～前二三二年），開始把佛教的教義化為故事和雕刻繪畫加以藝術表現。但有一個有意思的現象，就是在西元二世紀以前佛教藝術品中並沒有佛的形象，而是在佛陀生前到過之處刻一腳印，說法處刻一法輪、寶座和菩提樹等等。

一直到犍陀羅藝術時期（從西元二世紀開始），才出現佛陀的形象。這一時期大乘佛教開始流行，允許民眾禮拜佛像，而且犍陀羅地區長期受希臘文化影響，原來就有崇拜偶像的習慣。早期的佛像因受希臘神像的影響，帶有濃厚的希臘風格。

三世紀時，犍陀羅藝術影響了印度南部的阿瑪拉瓦底藝術，在南印度的佛教藝術品中也出現了佛的形象。

早期佛教藝術以帕魯德（Bharhut）遺跡、桑奇大塔（Sanchi）、阿瑪拉瓦

底（Amaravati）遺跡和那迦周尼康荼（Nagajunikonda）遺跡為代表。

桑奇大塔東禮門橫梁上表現的佛「逾城出家」，畫面是一匹馬，馬背上立一傘蓋，馬的後面有幾個人在告別，另有一男子向巨大的佛足跡禮拜；同一題材，犍陀羅出土的浮雕是佛坐在馬背上，另有幾人相隨。

表現佛成道後「初轉法輪」，桑奇大塔西禮門橫梁上的畫面是，中央一個巨大的寶輪，眾多的人和動物在兩旁虔誠地聽法；犍陀羅出土的西元三世紀初的雕刻為，佛坐在一個有寶輪的座上，手施無畏印，眾人在兩旁聽法。

阿瑪拉瓦底出土的「禮拜圖」，中間是一寶座，座前一對足跡，座的背後是傘蓋和菩提樹，兩旁有人合掌禮拜。在帕魯德出土的「波斯匿王訪佛」，畫面中心的建築物內有一法輪，法輪上豎傘蓋，說明佛陀所在。

◀ 北京真覺寺金剛寶座塔上雕刻的佛足圖。早期佛教藝術品中沒有佛的形象，而以佛足印等象徵表現佛陀。

▲ 桑奇大塔，位於印度中央邦首府博帕爾附近，始建於西元前三世紀，是印度早期佛教塔式建築的典範之作，也是印度現存最大的佛塔。

犍陀羅和秣菟羅的佛教藝術是怎樣產生的？

印度貴霜帝國統治時期，佛教藝術品中開始出現佛的形象。由於貴霜統治地區長期受希臘文化影響，所以這一時期佛像雕刻帶有濃厚的希臘風格，這種藝術比較集中於犍陀羅地區，故被稱為犍陀羅藝術。

印度西北部在阿育王時期佛教已傳入，西元前四世紀亞歷山大大帝征服這一地區，成為其遠征所及的東部界限，西元前二世紀，希臘人在此建立了大夏國，統治這一地區持續了一百三十年。有些大夏人是熱心的佛教徒，比如彌蘭陀王就曾在貨幣上鑄有法輪。

西元一世紀，原居住在中國西部的月氏人南進，占領了印度西北部，建立了貴霜帝國，定居犍陀羅（Gandhara，相當於今巴基斯坦白夏瓦和毗連的阿富汗東部一帶）。其第三代王迦膩色迦，崇信佛法，並效法阿育王在貴霜區域內大規模興建寺塔，雕鑿佛像。

貴霜帝國時期流行兩種佛教藝術樣式，分別集中於犍陀羅和秣菟羅（Mathura，在今新德里東南），所以被稱為犍陀羅藝術和秣菟羅藝術。

犍陀羅藝術的雕刻往往千佛一面，一般人體比例粗矮，人物表情冷漠，顯得有些笨重和沉悶。以馬爾坦出土的佛立像為例：這尊佛像的臉作橢圓形，眉細長，眼窩略凹，鼻子從額頭筆直伸出，唇薄，頭髮呈波浪式，具有典型的希臘風格。但頭頂上的肉髻，眉間的白毫（智慧的光源）和頭後的圓光表明了佛陀的印度身分。面部表情平靜莊重，流露出沉思內省的神態。佛身披的袈裟近似希臘長袍，衣褶厚重，像是毛質的厚衣料。赤足。

秣菟羅藝術較之犍陀羅藝術保留了更多印度本土的風格。這種藝術喜愛裸體，崇尚肉感的表現。

西元二世紀中期，秣菟羅地區受犍陀羅藝術的影響，開始雕造佛像。比如於秣菟羅的賈馬爾普爾（Jamalpur）出土的佛立像，佛面型方圓，眉毛隆起，嘴唇較厚。頭髮剃光，肉髻作螺旋形。佛著露右肩的輕薄袈裟，顯得肩寬胸實，肌肉勻稱。身後圓形背光上雕刻了甚為精美的圖案。

秣菟羅藝術的佛像，給人一種健壯強烈的感覺。輕薄貼體的服裝，表現出人體的生命感和力量感。與犍陀羅藝術的沉靜內省對比，秣菟羅的藝術風格顯得強悍有餘而文雅不足。

到了笈多王朝時期（三二〇～六〇〇年），兩種藝術逐漸互相借鑑和融合，完成了希臘式佛像向印度式佛像的過渡，實現了印度本土傳統和外來影響的完美結合，邁入了印度藝術的黃金時代。

▶ 印度笈多王朝時期釋迦牟尼立像，表現了犍陀羅藝術和秣菟羅藝術的完美融合。

印度佛教藝術遺跡主要有哪些？

印度佛教藝術開始於孔雀王朝的阿育王時期。阿育王為傳播佛教，在全國範圍內立寶塔、建寺院（包括開石窟寺），並在與佛陀生活有關的地點豎立紀念柱（即刻有誥文的圓柱）。

印度的佛教由釋迦牟尼於西元前六世紀創立，中間經歷了原始佛教、部派佛教、大乘佛教和密教等四個歷史階段，到十三世紀伊斯蘭教大規模傳播，佛教在印度本土基本消亡。

印度佛教藝術遺跡比較著名的有巴克拉（Bakhra）石柱、鹿野苑（Mrgadava）石柱、藍毗尼（Lumbini）石柱、王捨城（Rajagrha）石柱等，這些石柱在玄奘《大唐西域記》中都有記載，近代考古學使它們重現於世。另外當時還開鑿了巴拉巴爾石窟群。

藍毗尼、鹿野苑、王捨城都是佛教聖地，所以石柱雕造得非常美麗，並且有特定的涵義。

藍毗尼現屬尼泊爾，是釋迦牟尼的誕生地。石柱於一八九七年發現，柱頭上原有一匹馬站在倒垂蓮花上。馬在早期佛教藝術中經常象徵釋迦牟尼騎馬「逾城出家」。

阿育王石柱中最有名的要算鹿野苑出土的石柱了。鹿野苑在印度北方邦瓦臘納

西城，據說是釋迦牟尼得道成佛後第一次說法的地方。石柱高十五公尺，柱頭已斷落，柱身上刻著禁止破僧的婆羅謎字體銘文。同巴克拉石柱一樣，這個石柱也是以獅子形象作柱頂的。四隻獅子身連一體，面各一方，分站在中間層的一個寶輪上，寶輪象徵著佛陀在此地「初轉法輪」。輪與輪之間有象、馬、牛、虎四獸浮雕，柱頭下層是鐘形倒垂蓮花。整個柱頭顯得華麗而雄勁，玄奘曾形容為「石含玉潤，鑑照映徹」。在印度獨立後，獅子柱頭成為了印度共和國國徽的圖案。

王捨城在今比哈爾邦附近，是釋迦牟尼傳道中心地之一。在王捨城迦蘭陀出土的石柱，柱頭雕刻一隻大象。象經常作為佛陀的化身。

巴拉巴爾石窟群是印度現存最早的佛教石窟，在今印度比哈爾邦格雅（Gaya）城北。其中主要石窟為洛馬沙利西石窟。最早的石窟仿造寺院的木構茅棚製，如洛馬沙利西窟是單穴一門，平面作橢圓形，高僅四公尺，是為單人修隱而造。門楣上仿木結構，鑿出柱、梁、檩、椽，門楣上有浮雕，表現的是群象禮拜佛塔。

孔雀王朝於西元前一八五年滅亡。繼之而起的是北印度的巽伽王朝（西元前一八五～前七三年）和南印度的安度羅王朝（西元前二世紀～西元三世紀）。這一時期佛教藝術繼續發展，成就很高。主要遺址有帕魯德塔、桑奇大塔、菩提伽耶石雕（Buddha Gaya）、巴查（Bhaja）石窟、卡爾利石窟（Karli）、阿旃陀（Ajanta）早期石窟和阿瑪拉瓦底流派的雕刻等。

帕魯德遺跡在北方邦安拉阿巴德西南，是現存最早的佛塔，塔上的石刻為西元前二世紀所雕。在塔的欄楣和欄柱上雕刻了佛傳和多種佛本生故事，在人物的藝術處理上還保留了很多舊有的風格，人像顯得豐腴，布局也較擁擠。

這一時期最著名的佛教建築是桑奇大塔。桑奇在中央邦博帕爾（Bhopal）附近。此地現存四座佛塔，桑奇大塔是指一號佛塔。塔的高度是一六．五公尺，直徑三六．六公尺。巽伽王朝時期擴建了阿育王時期所建的覆缽形塔體，在土墩外砌磚石，並在塔頂修了一個方形平台和三層傘

◀ 阿旃陀石窟。圖為印度古代佛教徒從山體中開鑿出來的佛殿和僧房，建造時間大約在西元前一世紀至西元七世紀之間。

▲ 阿育王石柱獅子柱頂。

約開鑿於西元前二世紀初。西元前一世紀前後，石窟逐漸擺脫了仿木結構，其代表為孟買東南的卡爾利石窟大佛殿。

犍陀羅藝術遺存有白夏瓦的迦膩色迦大塔、旁遮普的坦叉始羅城址（Taxila）以及在沙巴茲加里（Shahbaz-garhi）、賈馬爾哥利（Jamalgarh）等地出土的佛像雕刻。

西元三世紀後，犍陀羅藝術向阿富汗東部發展，五世紀進入後期犍陀羅藝術，或稱巴米揚藝術，六世紀逐漸終結。這一時期的主要遺存有巴米揚遺跡、哈達佛寺等。

秣菟羅藝術的遺存主要有布台薩爾和馬霍利等地出土的雕刻。

南印度安度羅王朝時期流行阿瑪拉瓦底藝術。阿瑪拉瓦底藝術較少受到希臘藝術的影響，更多的繼承了帕魯德和桑奇的藝術風格。此藝術最傑出的代表是阿瑪拉瓦底大塔。大塔建於西元前二世紀，曾歷經整修和擴建，到十九世紀末被破壞。但一塊飾板上的浮雕為我們提供了西元二世紀末塔的形狀。佛塔由精雕細琢的欄杆圍繞，頂端蹲著獅子的柱子，分別豎立在四個進口處，替代早期的塔門牌坊。阿瑪拉瓦底藝術在西元三世紀時受到犍陀羅藝術的影響，在雕刻中直接出現了佛陀的形象，風格與犍陀羅相似，其重要遺存還有那迦周尼康茶遺跡。

西元四世紀，貴霜王朝對印度北部

蓋，底部用石頭砌築基壇和圍欄。西元前一世紀，又在圍欄四周增建了四座陀蘭那（Torana，又稱塔門牌坊或禮門），上面的精美雕刻使桑奇大塔聞名於世。每一陀蘭那由兩根頂端雕走獸的方柱和三道橫梁構成。方柱和橫梁上布滿佛教內容的浮雕，多為佛傳和本生故事，如東門橫梁自下而上雕出了「六牙象本生」、「佛出家門」、「禮拜佛塔」，其中佛陀是用法輪、寶座或菩提樹象徵表現的。浮雕鑿刻很深，布局緊湊，形象顯得富麗而有活力。在牌坊最低的橫梁與立柱相交處，用圓雕手法雕出藥叉（自然女神）形象，姿勢舒展，體態優美，胸臀豐滿，洋溢著青春的活力。桑奇大塔的雕刻風格，有些歐洲藝術史家認為是受到了波斯和希臘藝術的影響。

這個時期石窟規模擴大，形象更複雜，主要有兩種類型：一為佛殿或經堂式石窟，二為佛寺或僧房式石窟。最早的佛殿式石窟以孟買附近的巴查石窟為代表，

的統治結束，繼之崛起的是笈多王朝。笈多王朝是印度藝術的黃金時代，此時期的佛教藝術將印度本土傳統與外來藝術影響完美地融合起來，雕塑題材更強調佛陀和諸菩薩的形象。佛像雕刻可以分為秣菟羅風格和薩爾納特風格。薩爾納特即鹿野苑，這種風格的最大特點是佛裝更薄，宛若蟬翼，甚至是完全透明，所以又稱為裸體佛像。代表作品是《鹿野苑說法像》。

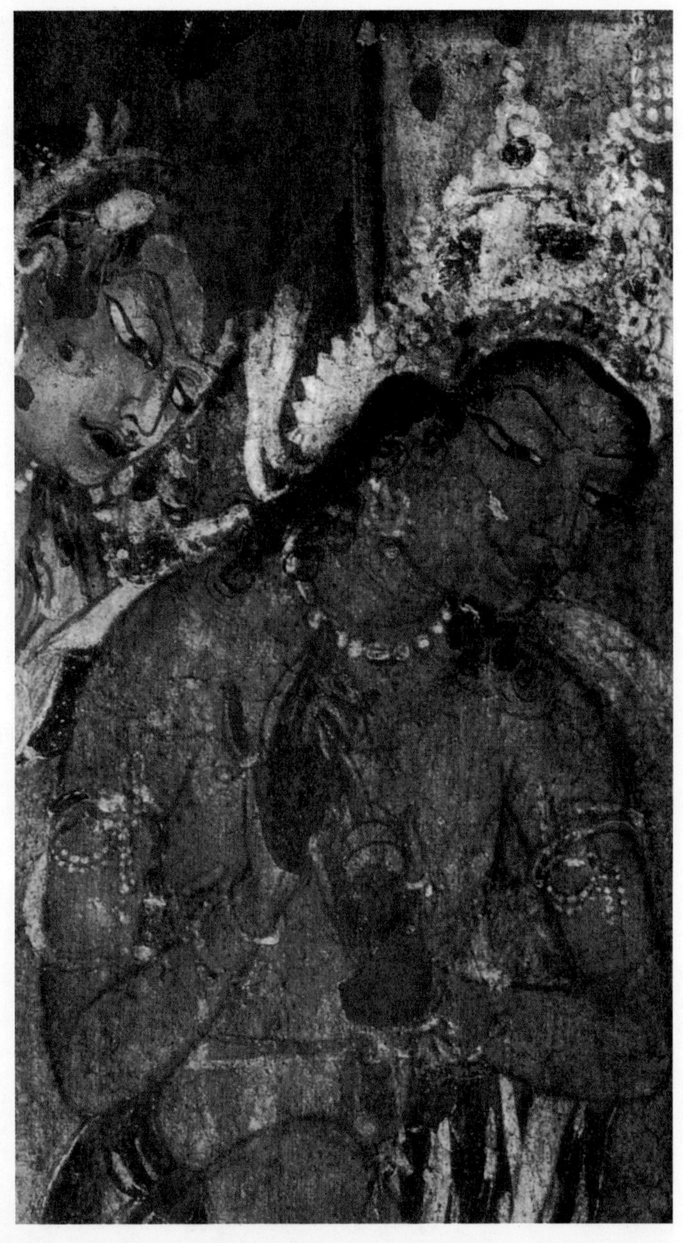

笈多藝術的主要遺存有那爛陀（Nalanda）佛寺遺址和巴格（Bagh）石窟等。笈多時期繪畫最傑出的代表是阿旃陀石窟壁畫。

西元七世紀後期，佛教進入密教時期，以咒術、壇場、儀禮和民俗信仰為特徵，教理更加通俗。

密教時期的佛教藝術打破了古典主義的和諧與平衡，失去了渾樸的風格，追求繁雜的裝飾。裸體形象占主要成分，且富有性感，這主要是受印度教藝術的影響。主要遺存有埃洛拉（Ellora）石窟，石窟位於馬哈拉施特拉邦的奧蘭加巴德城西北。其中有佛教、印度教、耆那教三種宗教藝術遺存，以印度教為主。第一至十二窟為佛教石窟，開鑿於西元七至八世紀。僧院式窟占多數，佛殿式窟很少，雕刻中有密教色彩很濃的多臂菩薩像和女性雕像等。

◀ 泰國大城皇室宗廟遺址，原有許多殿堂、佛塔和珍貴的佛像，現在僅餘佛塔如林。

▲ 阿旃陀石窟壁畫，多取材於佛傳和佛本生故事。其後期壁畫代表了古印度繪畫藝術的最高成就。

阿旃陀石窟為什麼著名？

阿旃陀石窟是印度著名的佛教石窟寺，位於孟買市東北約三百公里處。石窟始鑿於西元前二世紀，西元七世紀後終止開鑿，八世紀後逐漸被人忘卻，直到十九世紀初才被重新發現。

阿旃陀石窟開鑿在長五百五十公尺、距地面十至三十公尺不等的崖面上，現存洞窟二十九座，以中央諸窟年代最早。石窟除五個窟為供信徒禮拜的佛殿窟外，其餘都是僧房。其發展可分為兩個階段：第一階段為早期階段，時間是西元前二世紀至西元三世紀，主要洞窟有第九、十、十二等窟；第二階段是笈多王朝時期，洞窟有第一、十六、十七、十九等窟。

阿旃陀石窟的建築和雕刻非常精美，其中以笈多時期的第十九窟為代表。該窟門面以中央蓮花瓣形卷窗和雙柱門廊組成，堂門兩旁列柱和柱上斗拱皆裝飾圖案、花草紋樣和人物浮雕，堂內正中的佛塔和門面的窗、門兩旁以及周圍牆面，遍開大小神龕，內雕佛像或菩薩像，雜以花草圖案和各類細部裝飾。此窟精美的建築和雕刻，皆屬印度佛教石窟之冠。

阿旃陀石窟更以其壁畫藝術著稱於世。早期石窟表現的是小乘佛教題材，以本生故事畫為主。壁畫形象生動，筆法洗練。作於西元前一世紀的《六牙象本生圖》，有一塊較完整的部分表現了六牙象和象群在森林中生活的場面，神態栩栩如生，象群水沐、歇息、覓食等景色皆躍然壁上。

笈多王朝時期的壁畫，在後期世俗性題材增多，外來的中國、波斯風格有所表現。這一時期的壁畫構圖富於變化，人物神態端莊優雅，色彩絢麗豐富。第十六窟的《王子出家圖》和第十七窟的《王后梳妝圖》均作於五世紀，第一窟的《蓮花手菩薩像》則作於六世紀末，均屬上乘之作。第十七窟壁畫遺存之多為阿旃陀之首，一些形象生動地表現了仕女集會、飛天翔空等情景。

◀ 阿旃陀石窟雕刻，雕有佛祖及其他菩薩的巨型石像，人物鮮明生動，給人以優雅、肅穆、純厚的美感。

巴米揚佛教遺跡在哪裡？

巴米揚（Bamiyan）佛教遺跡，位於阿富汗中部巴米揚城北面興都庫什山區。唐代玄奘曾到過此地，並留下了詳細記載，當時該地屬於梵衍那國。巴米揚以兩尊摩崖大佛像最為著名。

巴米揚西大佛高五十五公尺，《大唐西域記》言其「金色晃曜，寶飾煥爛」，說明當時大佛像鍍金，並且建造不久。佛窟內繪有佛、菩薩、飛天和供養人等壁畫，具有強烈的印度古典風格，這是繼承了犍陀羅的藝術風格，所以有人稱之為後期犍陀羅藝術。東大佛高三十七公尺，距西大佛不到一公里。佛窟內繪有太陽神駕御四輪馬車圖，其風格明顯受到波斯薩珊王朝的影響。

當時的巴米揚東受犍陀羅的影響，西面則是波斯薩珊王朝和希臘文化圈，所以具有東西文化融匯的地理條件。這種影響明顯地表現在這兩尊大佛上。

大佛的製作年代，一般認為是西元四至五世紀，有人說是受到了中國古龜茲開鑿大像窟的影響。大佛後來被反對偶像崇拜的別派教徒破壞，面部和腕部都殘破了。

在巴米揚還有二千多個石窟，分布在約三公里長的斷崖上。這裡已不見以佛塔為中心的布局，多數石窟為佛殿形式，有的甚至集佛殿、經堂和僧房為一體。石窟平面有方形的、長方形的、八角形的和圓形的，一般長寬各五至六公尺。窟頂的形式也更為多樣，有圓筒形、方形、拱形等。窟壁上設佛龕，龕內的佛像多為泥製，但大部分已經被毀壞了。窟內一般還繪有壁畫。

▶ 阿富汗興都庫什山的巴米揚大佛，現已不存。大佛依山而建，十分雄偉壯觀。

釋迦牟尼的誕生地在什麼地方？

釋迦牟尼的誕生地是藍毗尼花園（Lumbini，在今尼泊爾南部魯明台鎮）。據說淨飯王的夫人摩耶產期將至，按當地習俗回母家分娩，在途經藍毗尼園時，在一棵娑羅樹下從右脅生下了釋迦牟尼。

釋迦牟尼是佛教的創始人，釋迦（Sakya）是種族名，牟尼（Muni）是「聖人」的意思。釋迦牟尼本姓喬達摩，名悉達多，約生於西元前五六五年，卒於西元前四八五年，大致與中國孔子同時代。

近代發掘了藍毗尼遺址，遺址中央是摩耶夫人祠，祠內有摩耶夫人誕子浮雕，可惜浮雕已殘破，不過在其他地方出土的浮雕有很多是表現這一情節的。據《過去現在因果經》記載，摩耶夫人在花園中見一棵大樹，花色香鮮，枝葉茂盛，就舉起右手想摘一枝，這時釋迦牟尼慢慢地從夫人右脅降生了。 摩耶夫人祠南面是一個長方形水池，傳說夫人誕子後天降水池，裡面長滿了蓮花，夫人就在池中沐浴淨身。

一八九七年考古學家在摩耶夫人祠西面發現了阿育王石柱，上面用婆羅謎字體刻了銘文，寫有「天愛善見王（即阿育王），即位二十年，因釋迦牟尼誕生於此地，親來敬禮。王命刻石，上作一馬。是為世尊誕生地。故免藍毗尼村之一切租稅，以示惠澤。」

近年來，尼泊爾政府和一些外國佛教徒在藍毗尼修建了一些塔和寺廟，並計畫修建神聖花園和寺廟區。

▼ 釋迦牟尼的誕生地藍毗尼，在今尼泊爾境內，孔雀王朝的阿育王曾來此朝拜並建石柱留念。

什麼是佛，釋迦牟尼與佛有什麼關係？

釋迦牟尼是佛教的創始人。佛是梵文Buddha（佛陀）的略稱，指徹底覺悟真理者，有「功成妙智，道登圓覺」之意。佛能幫助眾人解除人生之苦，是佛教中的尊神，所以是主要的被崇拜對象。

釋迦牟尼被佛教徒看作是超世的神，所以他的形象經常被供奉，是佛教藝術中最常見、被人所最熟悉的題材。釋迦牟尼像的坐姿主要有三種：其一，結跏趺坐，就是左足放於右大腿上，右足放於左大腿上，這個姿勢使人心中最穩定，所以又稱金剛跏趺坐；其二，半結跏坐，就是右足放於左大腿上，左足放於右大腿下，這是造像中最常見的坐姿；其三，善跏趺坐，就是兩足下垂，又稱倚坐。另外還有立像，是釋迦遊化和乞食的形象。佛像手指的姿勢，稱為「手印」，最常見的手印是「禪定印」，雙手上下相疊放於小腹前，手掌向上，表示禪定；還有「說法印」，左手放在足上，右手舉起，屈指作環形；「施無畏印」，右手屈臂前伸，手掌向前，手指向上，表示能除眾生苦；「與願印」，左臂端起，左手食指向下伸屈，手掌向前，表示能滿眾生願。

釋迦牟尼是作為佛表現的，但他不是唯一的佛。佛教思想認為在一個世界中一個時期只能有一個佛教化眾生，但空間是無限的，時間是無始終的。無限的空間有眾多的世界，也就有無數的佛；就時間來說，世界可以反覆地由成而壞，一佛的教化終盡以後，又有其他的佛繼而教化，所以在一個世界中，佛也是無數的。釋迦牟尼佛只是此世界中，現在時的佛，經常被表現的其他佛有：此世界未來世的彌勒佛，過去世的燃燈佛，此世界現階段賢劫的千佛。還有西方極樂世界的阿彌陀佛，東方淨琉璃世界的藥師佛等。

另外佛教有小乘、大乘之分，顯教、密教之分。他們之間教義的不同，導致了他們崇拜的佛像也有不同，如大乘的三身佛不見於小乘寺院，密教的五方佛不見於顯教寺院等。總之，在中國佛教藝術中，密教的佛像是種類最多的。

▲ 印度佛塔。

什麼是三世佛和三身佛？

在有些石窟的洞窟中，並列雕鑿著三尊佛像，有些佛寺的大殿內也並列安排了三尊佛像。這種題材有很多是三世佛題材，即過去、現在、未來三世。一般居中的是現在世的釋迦牟尼佛，兩旁的是過去世的迦葉佛（寺院中特指燃燈佛）和未來世的彌勒佛，這種三世佛也稱為「豎三世」佛。

三世佛題材較早出現在雲岡早期洞窟內，「曇曜五窟」（即第十六到二十窟）主要造像就是此題材。這種題材的出現是有其背景的：北魏太武帝時，由於有人利用佛教圖謀造反，與最高統治者的利益發生了衝突，另外道教對佛教大肆攻擊，導致了中國歷史上第一次大規模毀佛，佛教發展受到嚴重打擊。所以，當文成帝恢復佛法時，佛教為了鞏固自身的地位，一方面宣揚皇帝即「當今如來」，以取悅於統治者，另一方面針對毀佛時提出的「胡本無佛」的詰難，加緊翻譯《付法藏傳》等有關佛教歷史的著作，以說明佛教源遠流長，自有根基。以釋迦為中心的三世佛，迅速成為了風靡一時的崇拜對象。

還有一種三尊佛像的形式也叫三世佛，表現的是中、東、西三個不同世界的佛，又稱「橫三世」佛。中間的是我們這個世界的釋迦牟尼佛，佛兩旁是文殊菩薩

和普賢菩薩；右邊的是西方極樂世界的阿彌陀佛，又叫無量壽佛，雙手置於足上，掌中有一蓮台，表示接引眾生到西方淨土，兩旁是觀世音菩薩和大勢至菩薩；左邊是東方淨琉璃世界的藥師佛，左手持藥缽，右手拿一粒藥丸，兩旁是日光菩薩和月光菩薩。

按照佛教的大乘教理，釋迦牟尼佛以三種不同的身傳法，即「三身」，就是「法身」、「報身」、「應身」，又稱「自性身」、「受用身」、「變化身」。有些三尊佛像的形式表現的就是「三身佛」，如天台宗以毗盧遮那佛、盧舍那佛和釋迦牟尼佛為法身佛、報身佛和應身佛。法身佛就是佛本身，代表著絕對真理；報身佛表示證得絕對真理而自受法樂的佛身，還表現為大乘菩薩說法而變現之身；應身佛表示佛為渡脫世間眾生，隨三界六道有不同狀況和需要而現之身，或為釋迦牟尼之生身，或為變現混跡於世間的天、人、鬼等。

◀ 廣州光孝寺三世佛像。中國一般寺院的大雄寶殿，都供奉著三尊佛，稱三世佛。三世佛分為豎三世佛和橫三世佛。
▲ 河北承德外八廟普樂寺宗印殿豎三世佛像。

什麼是菩薩，什麼是菩薩行？

菩薩，梵文是菩提薩埵（Bodhisattva），意譯有「覺有情」、「道眾生」，舊譯有高士、大士、無雙、大聖等。從凡夫修行到達佛果，要經過長期的、多方面的修習過程，這一過程的一切修習，統稱為「菩薩行」。

菩薩，《翻譯名義集》引智顗的解釋為「用諸佛道，成就眾生，故名菩提薩埵」；引法藏的解釋為「菩提，此謂之覺；薩埵，此曰眾生。以智上求菩提，用悲下救眾生」，意思就是能求最高覺悟（佛道），教化眾生，於未來成就佛果的修行者。這種「自利利他」、「普渡眾生」的思想是大乘佛教所特有的。

菩薩行的典範就是釋迦牟尼的一生。按照「菩薩行」的規定，菩薩在慈悲仁愛的精神引導下，應以覺悟一切眾生作為培植和積累個人成佛智德的楨桿。眾生的無限性，規定了菩薩行的無限性，一般歸結為六度，即六種途徑，包括布施、持戒、忍辱、精進、禪定、智慧。

修習菩薩行要經過幾個階段，即十住、十行、十向、十地、等覺、妙覺共四十二階次。等覺就是等同於佛的菩薩，妙覺就是佛位。在中國的石窟和佛寺中，主要的菩薩都是等覺菩薩，他們是輔助佛弘揚教法的，常見的有釋迦牟尼佛身旁的文殊、普賢菩薩，阿彌陀佛身旁的觀世音、大勢至菩薩，還有彌勒菩薩、地藏菩薩等。其中有些菩薩備受民間信仰，成為單獨的禮拜對象，如觀世音菩薩本為阿彌陀佛的脅侍菩薩，但因為民間對之信仰甚深，所以出現了大量單身的聖觀音、十一面觀音、千手千眼觀音、水月觀音、魚籃觀音、送子觀音等等，是中國佛教藝術中變化最豐富的題材。

◀山西五台山塑像。觀音騎朝天吼居中，旁為天王李靖和哪吒太子。

什麼是七佛和千佛？

小乘佛教認為釋迦牟尼只是一個覺悟者、教祖，所以在空間上只談此世界現階段的釋迦佛，在時間上只談釋迦佛和釋迦以前的六佛，就是所謂「七佛」（毗婆屍佛、屍棄佛、毗舍婆佛、拘樓孫佛、拘那舍牟尼佛、迦葉佛和釋迦牟尼佛）。

七佛形象在中國早期石窟中比較常見，如炳靈寺、雲岡和麥積山等處十六國和北朝時期的造像。在雲岡第十窟後室南壁是七個禪定坐佛，這種形象在北魏小龕的龕楣上很常見；第十一窟後室西壁是七尊形體高大的立佛，在壁面雕刻中占重要地位。麥積山石窟在北周時期開鑿了規模宏大的七佛閣，七佛分別作為七個洞窟的主尊供養。北朝以後，這種具有小乘佛教色彩的造像題材很少見了。

千佛是石窟造像中非常流行的一種題材，而且延續的時間很長，經常表現為整個壁面、窟頂或塔柱上雕刻（或繪製）數量很多的小佛像。另外還有千佛題材的簡化形式，表現為九佛或十二佛等。新疆克孜爾石窟後期壁畫以千佛題材為主，敦煌石窟和雲岡石窟也有很大面積的千佛題材，這是大乘佛教思想在石窟中的反映。在民間，石窟經常被稱為「千佛洞」或「萬佛洞」，可見千佛題材之普遍。

▼ 甘肅天水麥積山千佛廊，位於麥積山東崖東部，開鑿於北周時期。

什麼是西方三聖？

「西方三聖」，就是西方極樂淨土世界的阿彌陀佛，以及他的左脅侍觀世音菩薩和右脅侍大勢至菩薩。阿彌陀佛，漢譯又稱無量壽佛，是西方極樂世界的佛。

阿彌陀信仰在東漢時期就已經傳到了中國，從東晉開始在社會上流行。早期與彌勒淨土信仰並重，但後來彌勒淨土信仰日漸衰落，阿彌陀淨土信仰日益興盛。唐代以信仰西方淨土創立了淨土宗，其影響深入民間，在社會上廣泛流行，至今依然不衰。

西方淨土思想為何流傳如此廣泛呢？這與對西方極樂世界美麗誘人的描述是分不開的。據《無量壽經》和《阿彌陀經》宣稱，這個世界以黃金舖地，天上飄著美麗的花朵；這裡的眾生有非凡的智慧，住在鮮花綠水環繞的宮殿內；這裡沒有人間的苦惱和艱辛，人人都是幸福的。只要到了這個世界「聾者能聽，喑者能語，僂者得伸，跛者得行，愚者黠慧。諸樂不鼓自鳴，婦女珠環，皆自作聲」。在這個世界上，人的壽命「欲壽一劫、十劫、百劫、千劫、億劫，自恣意欲住正壽無央數劫，不可復計數劫，恣汝隨意皆可得之」。

西方淨土信仰的廣泛流行，還在於它簡易的修行方法。其認為要轉生西方極樂世界，只要對阿彌陀佛及其極樂世界有堅定的信仰，有往生西方淨土的強烈願望就可以了。以後發展到只要一心專念阿彌陀佛名號，就能夠往生淨土。由於這種修行方法用力少而得效快，人人都可做到，所以普及到整個社會，一般人念佛，皆口稱「阿彌陀佛」。

中國現存最早的「西方三聖」形象，保存於甘肅炳靈寺石窟第一六九窟，它是西秦時塑造的一坐佛二立菩薩，在像旁墨書題寫「無量壽佛」、「大勢至菩薩」和「觀世音菩薩」。在石窟和寺院中，阿彌陀佛的形象很常見，有些作為三世佛出現，也有的供一阿彌陀立像，稱為「接引佛」，因為阿彌陀佛能接引眾生往生西方淨土。

西方三聖中的大勢至

和觀世音，是阿彌陀佛的兩個上首菩薩。大勢至是「以智慧光普照一切，令離三塗（指地獄、餓鬼、畜生「三惡趣」），得無上力，是故號此菩薩名大勢至」，其形象是寶冠上有一個寶瓶。觀世音的意思是，「若有無量百千億眾生受諸苦惱，聞是觀世音菩薩，一心稱名，觀世音菩薩即時觀其音聲，皆得解脫」。觀世音菩薩大慈大悲，救眾生於苦難危急之中，並為眾生宣講佛法，使他們得到解脫。中國民間觀世音信仰非常盛行，觀音菩薩的形象也很多樣，一般的形象是寶冠上有坐佛，菩薩手中提一個淨瓶。

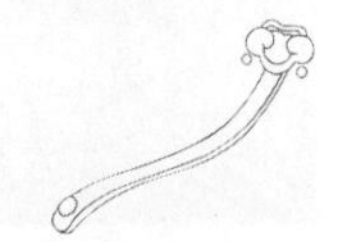

◀ 甘肅張掖大佛寺的磚雕西方三聖像。
▲ 甘肅炳靈寺石窟一六九窟的佛像。

什麼是東方三聖？

東方三聖，是東方淨琉璃世界的藥師如來，以及他的左脅侍日光遍照菩薩和右脅侍月光遍照菩薩。藥師佛的形象一般是一手持藥缽，一手持藥丸。表現東方藥師淨土最豐富的形象，是敦煌莫高窟的經變畫。

藥師如來在作菩薩時，曾發過十二大願，以解救眾生。十二願分別是：第一自他身光明熾盛，第二威德巍巍開曉眾生，第三使眾生飽滿所欲而無乏少，第四使一切眾生安立大乘，第五使一切眾生行梵行具三聚戒，第六使一切不具備諸根完具，第七除一切眾生眾病，第八轉女成男，第九使眾生擺脫天魔外道纏縛，第十使眾生解脫惡王劫賊等橫難，第十一使飢渴眾生得上食之願，第十二使貧乏無衣者得妙衣。

藥師成佛後，眾生只要敬念藥師名號，就可以不入畜生、地獄惡道，可以解脫生、老、病、死等苦難，可以免除九種非正常死亡（九橫死），九橫死是：一得病無醫死，二王法誅戮死，三鬼怪乘隙奪得精氣死，四火焚死，五水溺死，六惡獸吞食死，七墜崖死，八中毒死，九飢渴死。

另二聖是日光和月光菩薩， 日光菩薩持日輪，月光菩薩持月輪。

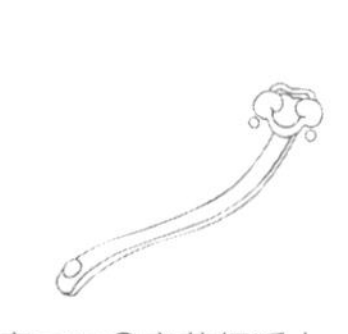

◀ 敦煌莫高窟二二〇窟藥師淨土變相壁畫（局部），初唐時期作品，描繪藥師佛手持蓮花發願拯救人間疾苦，諸天撒下香花祝賀的場景。

什麼是緣覺和羅漢？

羅漢，是梵文「阿羅漢」（Arhat）的略稱，原意是指依小乘佛教修行所能達到的最高境界，即「阿羅漢果位」。達到此種境界，就破除了一切煩惱，得以解脫生死輪迴而進入涅槃，後來把得此果位的出家人稱為羅漢。

羅漢又稱聲聞，意思是「以佛道聲，令一切聞」，就是弘揚佛法之意。

緣覺，梵文稱為「辟支佛」，就是生在無佛之世，自悟十二因緣而得解脫生死輪迴，證入涅槃果位的。緣覺的形象是以頭頂上微現肉髻，面目與佛相同，但身體的比例同菩薩一樣。

羅漢形象在中國佛教造像中非常普遍。雲岡石窟第十八窟有十大弟子雕像，第九窟出現了兩個聲聞弟子作佛的輔弼人物，這種形式被一直沿用，只是弟子的位置更加重要了。隋唐時期，石窟中羅漢形象增加，表現的是宗派傳承的歷代祖師。安陽寶山石窟大住聖窟刻出了二十四羅漢；龍門石窟擂鼓台中洞刻了二十五羅漢。這兩處羅漢像，在每一像旁都刻了羅漢的名字。龍門石窟東山看經寺刻出了二十九羅漢像。

晚唐、五代時期，以十六羅漢為主。從北宋開始，盛行十八羅漢和五百羅漢題材，這兩種形式一直被沿用到近代。

十六羅漢，據佛經說，他們是釋迦牟尼的弟子，在釋迦佛涅槃之後，他們受佛的囑咐，不入涅槃，常住世間，受世人的

▶ 河南嵩山少林寺千佛殿「五百羅漢朝毗盧」大型壁畫，壁畫高七．五公尺，長四二公尺。

供養而為眾生作福業。他們分散在南瞻部洲、鷲峰山等十六處，等到彌勒佛出世之前才完成使命。北涼時期道泰翻譯的《入大乘論》記了十六大聲聞護法，但未列出他們的名字。現在見到的十六羅漢題材，依據的是唐代玄奘譯的《大阿羅漢難提密多羅所說法住記》。自從玄奘譯出了《法住記》，十六羅漢受到了佛教徒的普遍信仰，石窟中也出現了這種題材。敦煌西千佛洞第十六窟晚唐壁畫中就有十六羅漢像。 五代時期的大足石窟大佛灣第三十六窟、杭州煙霞洞等石窟都雕刻了十六羅漢。

十八羅漢由十六羅漢發展而來，最早出現在五代時期的繪畫中。北宋蘇軾在謫居海南時，曾見到五代前蜀張玄畫的《十八羅漢圖》，並為之作贊。蘇軾還見到了貫休繪的十八羅漢，也作了贊文，並標出了十八個羅漢的姓名，他們是在十六羅漢之外加上慶友尊者和賓頭盧尊者。石窟寺中十八羅漢題材不常見，只有個別地點有雕造如杭州飛來峰金光洞。洞中鑿出一石床，床的上層刻十八羅漢像，這些像完成於宋代。藏傳佛教中的十八羅漢，是在十六羅漢外加摩耶夫人和彌勒，明清時期又加上了布袋和尚。在近代，十八羅漢常塑在大雄寶殿內，作為三世佛的環衛。

五百羅漢在佛經中很常見，如西晉時期竺法護譯出《佛五百弟子自說本起經》。關於五百羅漢有不同的說法：一種說是參加第一次結集或第四次結集的五百比丘；一種說是常隨釋迦左右的五百弟子。

中國在唐代就創作了五百羅漢形象。《五代名畫補遺》記載，唐代著名雕塑家楊惠之在河南府廣愛寺塑了五百羅漢，這是現知最早的五百羅漢形象。五代時期，五百羅漢開始興盛。吳越王錢氏造五百銅羅漢於天台山；道濳禪師在淨慈寺創建五百羅漢堂。北宋時期五百羅漢的信仰更盛，各地寺院多建五百羅漢堂。石窟中也出現了五百羅漢窟，如大足大佛灣第一六八窟，窟的正壁和左、右二壁，都刻滿羅漢，共計約五百三十二身。早期的

五百羅漢沒有姓名，在宋代有人為之創立名號。原來認為最早的石刻紀錄是南宋紹興四年（一一三四年）的《江陰軍乾明院羅漢尊號石刻》，碑現已不存，文收在《嘉興續藏》第四十三函中。近年在廣西省宜山縣會仙山白龍洞摩崖上，發現了北宋元符元年（一〇九八年）的《供養釋迦如來住世十八尊者五百大阿羅漢聖號》碑刻，記錄了十八羅漢與五百羅漢的名號，名號的排列順序同乾明院碑不相同，這應該是現存最早的五百羅漢名號記載。

▼ 浙江天台山下方廣寺五百羅漢。下方廣寺屢毀屢建，每次都重塑五百羅漢。方廣寺即以五百羅漢道場而著名。

什麼是天龍八部？

佛教藝術中，不但有佛、菩薩和弟子，還有作為佛的護衛神的八部護法像，稱為「天龍八部」。這些護法神，原多是古印度婆羅門教和各種外道的崇拜對象，後來被佛教加以吸收、利用。

天龍八部眾包括天、龍、夜叉、乾闥婆、阿修羅、迦樓羅、緊那羅、摩闥羅迦。

所謂天，就是住在天上的天神。佛教認為只有修習十善、修根本四禪的人們，才能升入天部中。到底有多少天神呢？《經律異相》一書記載：欲界有六天，主要有四大天王，忉利天和他化自在天等；色界二十三天，主要有大梵天（又名鳩摩羅天）、遍淨天和大自在天等；無色界四天。在中國石窟造像中很早就出現了天部的形象，以後又不斷變化。雲岡第八窟窟門兩側，雕出了騎牛的摩醯首羅天和騎金翅鳥的鳩摩羅天；在四川廣元皇澤寺第五窟（隋代）八部中，天的形象是一個武士裝的天王像。

佛經中的龍，與中國傳統文化中的龍有一些相似的地方，所以表現的形象也就是傳統龍的形式。龍部有八大龍王，在雲岡第十一窟的頂上就有這種形象。八大龍王中以難陀、跋難陀最為著名，在雲岡第十窟的窟門上有二龍王交纏的雕像，即是表現此二龍。二龍的表現形式沿續時間非常長。在敦煌第一五八窟唐代壁畫中的龍已經人形化，但頭上戴的冠上有一條龍。

夜叉，意譯就是惡鬼。據說這種鬼面目猙獰，能騰飛，能土遁，還常傷人。夜叉又有地夜叉和飛行夜叉之分。如雲岡洞窟中常見的塔最下層怒髮上衝、形似鬼怪的扛托

人像，就是地夜叉。雲岡第七、八窟前室窟頂，刻出飛行狀手托蓮花或博山爐的天人，這是飛行夜叉。

乾闥婆，就是音樂神，它演奏的音樂威力極大。在普陀山普濟寺中的乾闥婆形象，頭戴八角冠，左手執笛，右手拿寶劍。

阿修羅是一種非神、非鬼、非人而又極其醜的怪物。佛經上說他非常凶惡好戰，與帝釋天交戰，抓住了日、月，不過最後還是皈依了佛法。許多石窟的門兩側，雕出三頭六臂或八臂，雙手持日月的形象，就是阿修羅王。

迦樓羅，漢文譯為「金翅鳥」。據說它兩翅相距三百三十六萬里，靠吃龍維生。在雲岡一些屋形龕的屋脊中央造出的鳥形象，就是金翅鳥。敦煌一五八窟的唐代壁畫中，迦樓羅被人形化，成為了頭戴鳥冠的勇猛武士形象。

緊那羅是歌神，相傳是能歌善舞的女性，嫁與乾闥婆為妻。普濟寺的緊那羅形象是馬面或鹿面，半裸體，手中持樂器。另外在石窟中經常雕繪的伎樂、歌舞天人，應該是乾闥婆和緊那羅的形象。

摩闥羅迦，就是大蛇的意思，它也是一種樂神。普濟寺的摩闥羅迦作貴族相，頭上頂一條蛇，或者是蛇面，手中持笙，或腰繫腰鼓而手執鼓槌。

中國早期石窟、佛寺中天龍八部護法家，主要是依據佛經記載造出的。隋、唐以後，開始出現八部護法人形化的造像，可能與密宗經典在中國的傳播有關。

◀ 夜叉，佛教中天龍八部眾之一，有地夜叉和飛行夜叉之分。圖為泰國大王宮外威武的守門夜叉。

▲ 金翅鳥，是佛教中天龍八部眾之一，居住於須彌山下層，以諸龍為食。

什麼是四大天王？

四大天王，又稱四大金剛，是佛教的四大護法神。四大天王在佛教藝術中出現的很早，印度早期佛教雕刻中就有四大天王的形象。在中國的石窟中，四大天王作為護法形象也經常出現。

四大天王，是欲界六天之一，他們分別護持著釋迦佛世界的四個洲。四個洲是如何劃分呢？佛教認為，世界以須彌山為中心，四周是大海，海的四面各有一洲。東方的叫東勝身洲，又稱持國天，其統領叫提多羅；南方的叫南贍部洲，又稱增長天，其統領叫毗琉璃；西方的叫西牛貨洲，又稱廣目天，其統領叫毗留博叉；北方的叫北俱盧洲，又稱多聞天，其統領叫毗沙門。四大天王各率二十八部夜叉大將，鎮守佛國一方。

敦煌莫高窟在五代和宋代初期，流行在石窟的窟頂四角繪四天王的形式，被稱為「鎮窟四天王」。敦煌第二八五窟西壁上畫的四天王，頭戴花鬘冠，上身穿著甲冑，下身穿戰裙，赤腳。南邊的二天王，一個是持兩股戟的西方廣目天王，一個是執矛的南方增長天王；北邊的二天王，一個是托塔的北方多聞天王，一個是持劍的東方持國天王。

現在寺廟中保存的四大天王像，多數是明代以後的作品。這些形象比早期的天王像加入了更多的中國風俗，四天王手中所持的法器有所改變，被象徵為風、調、雨、順。南方增長天王手持劍，象徵風；東方持國天王手持琵琶，象徵調；北方多聞天王手持一傘，象徵雨；西方廣目天王手握一條蛇，象徵順。這種象徵如意吉祥的天王，比印度象徵「四大」（地水火風）的天王，更容易被一般中國人所接受，所以關於天王的傳說很多，但往往將天王與金剛相混淆。

在四大天王中，最為大家所熟悉的大概是北方天王了，就是手中托塔的毗沙門天王。從唐代後期開始，毗沙門天王的地位逐漸提高，成為了密宗供養的主像之

一。敦煌唐代壁畫中的毗沙門天王，多是雄踞在側壁，全身武士裝，左手托一寶塔。重慶大足晚唐石窟中出現了專供毗沙門天王的洞窟，如佛灣的第五窟。宋代以後，毗沙門天王的形象就不多見了。現在為一般人所熟悉的托塔天王，是毗沙門天王和唐代名將李靖的混合體，已經成了中國形象的佛教護法神了。

◀▲ 浙江寧波天童寺天王殿四大天王。四大天王又稱四大金剛，造像莊嚴威猛，為寺院的四大護法神。

什麼是大日如來？

大日如來是密宗金剛界和胎藏界共同尊奉的主尊。密宗認為，大日如來就是法身佛毗盧遮那，《大日經疏》說「梵音毗盧遮那者，是日之別名，即除暗遍明之義也」，大日就是「遍一切處作大照明」。

大日如來的形象是「如菩薩形，首戴髻，猶如寶冠」，龍門石窟東山擂鼓三洞中，唐代造了頭戴寶冠、臂上戴釧的菩薩裝大日如來。

金剛界和胎藏界對大日如來的解釋不完全相同，所以形象也有不同。宋代開始，中國流行的主要是金剛界的大日如來，其特點是「頂有五寶天冠，天冠之中存五化佛。結堅牢金剛拳印」。在四川石窟中保存了很多這種形象。大足寶頂山第十四窟，主像是大日如來，頭戴花冠，冠中有一小坐佛，口中射出兩道光芒，頭後也有流光放出，體現「流光晃曜遍十方」。

密宗非常注重事相，把佛教的一些理論用形象加以表達。比如佛教的「轉識成智」問題，金剛界用五方佛（中東南西北）來表現。中央是大日如來，表法界體性智；東方阿閦佛，表大圓鏡智，此智能顯現世界萬象；南方寶生佛，表平等性智，此智視世界萬法平等無差別；西方阿彌陀佛，表妙觀察智，由此智觀萬法，明善惡；北方不空成就佛，表成所作智，由此智可成就自利利他事業。這五智表現了大日如來的五種智慧，「此五智雖為一身所具之智德，而為引攝眾生，自本體出生四方之四智四佛」。在中國的很多佛寺內，大雄寶殿供奉的五個坐佛就是五方佛，如山西大同善化寺、華嚴寺等。

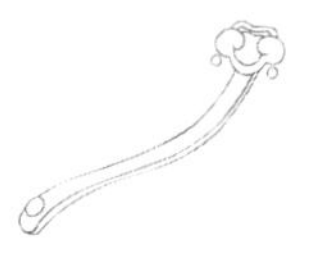

◀ 河北正定隆興寺毗盧殿的毗盧佛銅像。佛像如寶塔，高六公尺，構造之精美，全國罕見。

什麼是大黑天和歡喜佛？

大黑天又稱大黑神，梵文為「摩訶迦羅」。佛教經典說，大黑天是大日如來為降伏惡魔而顯現的忿怒相。他三面六臂，前左右手橫持寶劍，中間左手提一鬼頭，右手拎一羊身，後左右手執一張象皮於背後。

大黑天因為以灰塗身，所以身上是青黑色。他身形極大，以骷髏作瓔珞，張牙立目，一副威猛相。形象雖然可畏，但他「性愛三寶，護持五眾。使無損耗，求者稱情」，並能「供人授與世間富貴，乃至官位爵祿」。供奉此神能夠「增其威德，舉事皆勝」。雖然關於大黑天的傳說唐代已傳到中國，但到了宋代大黑天的形象才出現，如大理大崇聖寺千尋塔中出土大黑天像。元代以後，大黑天形象漸多，這是因為喇嘛教極信仰此神，元代由八思巴帶入中土流傳。元代大黑天形象保存在杭州飛來峰寶成寺，雕像短腿大腹，頭髮捲曲，瞪目翹鬚，身體周圍掛著骷髏。大黑天兩側是騎獅文殊和騎象普賢兩菩薩，兩菩薩均作凶猛相，文殊胸前掛骷髏瓔珞，獅子和白象身上也掛著人頭。造像旁有題記：「朝廷著來官驃騎衛上將軍左衛親軍都指揮使伯家奴，發心捨淨財，莊嚴麻曷葛剌（即摩訶迦羅）聖相一堂，祈福保佑，宅門光顯，祿位增高，一切時中吉祥如意者。至治二年月日立石。」

到了清代，喇嘛教信仰盛行，很多喇嘛教寺院都供奉此神。形象多為頭髮上豎，三面六臂，正面三目，左右面各二目，手中或持劍，或提人頭和羊角，身戴骷髏瓔珞，以蛇為臂釧。

歡喜佛，又稱歡喜天或歡喜金剛，是喇嘛教本尊神，作男女二人裸身相抱之形。佛經中說，此男是大自在天之長子，

名大荒神，喜行惡事，暴害世界；此女是觀音化身，與大荒神相交，得其歡心，使其不行惡事，所以稱為歡喜天。其形象是男女抱合而立，赤裸身體，頭上戴冠，身上佩骷髏瓔珞。女身柔軟嬌媚，男身威猛剛健。這種形象在漢族地區從元代開始出現，莫高窟元代壁畫中有之；到了清代更為普遍，在喇嘛教寺院中供養較為普遍。

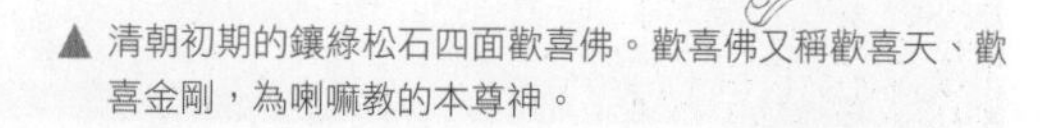

▲ 清朝初期的鑲綠松石四面歡喜佛。歡喜佛又稱歡喜天、歡喜金剛，為喇嘛教的本尊神。

什麼是佛傳故事？

佛傳故事又叫做佛本行故事，是釋迦牟尼一生中各階段形象的綜合。一般從他的誕生（包括誕生前後的種種神異）開始，講到他作為王太子的生活以及放棄太子身分而出家修道，成為所謂等正覺佛後的教化事跡，直至他去世（涅槃）前後的生平事跡。

比起大致雷同的佛像題材，佛傳故事情節更為生動，更有吸引力，也更多地保留與現實有關的內容。其間衍化出種種情節和場面，各經記載不盡相同，僅新疆克孜爾石窟，各種佛傳題材就有六十餘種。

關於釋迦的傳記，一開始並無系統的記載，只散見於小乘阿含部經典和律典中，片段地敘述釋迦說法前後的事跡和戒律。此後，在各派的律典中，記載了釋迦的簡略傳記。最後，把律典中的記載加以集中、潤色，就形成了獨立的佛傳系統。漢譯佛傳經典，主要是《修行本起經》（包括同本異譯的《太子瑞應本起經》、《過去現在因果經》）、《普曜經》（包括同本異譯的《方廣大莊嚴經》）、《佛本行集經》和《根本說一切有部毗奈耶》等。因而，各個時期的佛傳故事作品，就因其所據經本的不同，而有詳略和側重。

刻畫釋迦本行像，傳說是從摩揭陀國王捨城阿闍世王時開始的。這種傳說雖然

不盡可信，但從印度古代佛傳雕刻作品，如桑奇第一塔浮雕、帕魯德大塔浮雕、犍陀羅雕刻等，可知佛傳故事創作很早即在進行。只是畫面不多，情節簡單，多為單幅構圖，表現佛出家前的事跡較少。這是佛傳故事的初期階段。

中國石窟寺廟中的佛傳故事繪畫和雕刻，則為其成熟形式的產物，而且具有鮮明的民族特色和地方特色。其中最著名的，有大同雲岡第六窟北魏佛傳浮雕，分布於中心柱四壁，主室左、右壁和前壁，明窗兩側等處，現存三十七幅，從樹神現身到釋迦初轉法輪，主要依據《過去現在因果經》雕出。敦煌莫高窟二九〇窟北周時期佛傳壁畫，分布於主室頂部人字披上，現存二七．五公尺，八十七幅，從入夢受胎到初轉法輪，主要依據《修行本起經》繪出。新疆克孜爾一一〇窟北朝後期佛傳壁畫，分布於主室東、西、北三壁，每壁分三層，現存五十七幅（可識別三十三幅），從樹下誕生到釋迦涅槃，主要依據《佛本行集經》、《有部毗奈耶》繪出。這些佛傳故事作品，均採用多幅連續的連環畫式構圖，這種長卷式的橫幅構圖，具有濃郁的中國風格。

◀ 雲岡石窟第六窟中心塔柱下層的浮雕。塔柱高約十五公尺，方形，上承窟頂，柱下四層大龕雕刻著坐佛及交腳彌勒佛，四壁浮雕為佛傳故事。

▲ 敦煌莫高窟二九〇窟佛傳故事壁畫，北周時代作品。壁畫以分格方式描繪了釋迦牟尼從出生到最終修道成佛的一生。

什麼是四相圖和八相圖？

選取釋迦一生中的重要事跡，用四個、八個或十二個多幅連續的畫面，表示其生平的一種佛傳故事形式，稱為四相圖、八相圖或十二聖圖。

犍陀羅藝術雕刻品中，定型化的四相圖和八相圖尚未出現。秣菟羅佛教藝術中，始造出表現釋迦誕生、降魔、初轉法輪、涅槃等四件大事的四相圖，時間是西元三世紀。四相圖或稱四相成道，主要為南傳佛教的傳統。北傳佛教中，流行八相圖，或稱八相成道，對此有大小乘兩種不同說法。大乘的八相圖，包括兜率天降世、白象入胎、住胎說法、右脅誕生、逾城出家、樹下成道、初轉法輪、雙林入滅等情節。小乘的說法，沒有住胎說法一相，而在出家與成道之間，增加降伏魔眾一相。大小乘八相圖在內容上的不同，前者多出家前情節，後者多修行成佛後的情節。 五世紀以後定型化的八相圖，有的增加了千佛化現、佛從三十三天降世、調伏醉象、獼猴奉蜜等四相，成為十二相。

中國早期石窟中，克孜爾石窟和敦煌莫高窟，即有四相和八相壁畫形式。最著名的四相壁畫，是克孜爾二〇五窟表現阿闍世王聞佛涅槃後，悶絕昏倒，行雨大臣舉出繪有釋迦誕生、降魔、初轉法輪和涅槃的四相圖。 莫高窟的四相和八相圖作品，或繪或塑，各窟多有。其中，四二八窟組畫形式的佛傳壁畫，似為十二相，特別是將誕生與涅槃同置一壁，頗為別致。在西藏佛寺壁畫中，亦有十二相成道圖，包括從人間上生兜率天、從兜率天降世、乘象入胎、樹下誕生、逾城出家、山中苦行、降魔、成道、初轉法輪、雙林入滅等情節，饒具情趣。

▲ 新疆克孜爾石窟二〇五窟阿闍王夢見佛涅槃圖，壁畫中間女侍攤展開來的絲綢方巾上所繪即為佛涅槃圖。

什麼是因緣故事？

因緣為梵語尼陀那（Nidana）的意譯，漢譯為因、所因、因緣、緣起等，總稱因緣，因緣之作用即緣起。因緣是原始佛教基本理論之一，用佛教故事的形式宣傳這一道理，稱因緣故事。

《五分律》中說：「諸法由因緣生，佛陀說法因緣。」因此因緣也是說因果報應之理的。因緣故事多用壁畫表現，其重點是渲染佛教信徒對佛因施供養、布施而得到的種種善報以及佛度化眾生時的各種神通。

因緣壁畫主要見於龜茲石窟和敦煌莫高窟，如克孜爾石窟中可識別者達三十七種，莫高窟北朝石窟中現存近十種。其著名例子有梵志燃燈、須摩提女請佛 、沙彌守戒自殺、微妙比丘尼現身說法、五百盲賊成佛等 。這些因緣故事壁畫，各有不同的主題思想和藝術形式，其目的是向人們灌輸佛教思想。然而，出現於故事中的人物形象、衣冠服飾、社會生活等現實世界情景，使畫面富於生活氣息，卻是壁畫的功德主們所始料不及的。今天，我們面對這些清新雋永的藝術作品，不得不驚歎古代藝術家的豐富想像力和高超的創造才能。

▼ 敦煌莫高窟二五七窟須摩提女請佛因緣故事壁畫，北魏時期作品。須摩提為印度舍衛城須達長者之女，與其父共同皈依佛教，後嫁至東方福增城，引佛教入城並闡述佛教教義，以使城中民眾離開外道皈依佛陀。

什麼是佛本生故事？

本生，是梵語闍陀伽（Jataka）的意譯，意思是一個生命降生後，其行為或善或惡，在五道（或六道）中輪迴轉生，永無止息。講述佛前生累世修行的故事，叫做佛本生故事。

印度早期的佛教理論，以主張修行十二因緣和四聖諦（苦、集、滅、道）為主，相信輪迴轉生，因而就提出了三世二重因果說。這就是說，人間的一切苦難根源在於人的自我意識之中，而要消除苦難，只能求之於自我覺悟和淨化，不必訴諸社會鬥爭，因而，必須重視現世修行和前生累世的修行。

《大般涅槃經》卷十五中說：「何等名闍陀伽經？如佛世尊，本為菩薩修諸苦行，所謂比丘，當知我於過去作鹿、作熊、作獐、作兔、作粟散王、轉輪聖王、龍、金翅鳥，諸如是等行菩薩道，所可受身，是名闍陀伽。」

這種種菩薩行，稱為六度或六波羅蜜多。《六度集經》歸納為忍辱、布施、精進、戒度、明度無行和禪定等六種行為，《長阿含・遊行經》又概括為布施、持戒、禪定等三種行為，都是菩薩積德成佛（實為放棄鬥爭）的故事。這些故事從長期流行在古印度民間的寓言、童話中衍演、改造過來，用以宣傳佛教教義。

佛本生故事在漢譯佛經中，主要保存在《六度集經》、《賢愚經》、《雜寶藏經》、《菩薩本生鬘經》、《大方便佛報恩經》和小乘說一切有部律典中。現

存的巴利文《佛本生故事》，共收有五百四十七個故事，數量最多。這個數字，五世紀初中國著名高僧法顯在斯里蘭卡訪問時，曾見到：王使夾道兩旁作菩薩五百身已來種種變現：或作須達拏，或作睒變，或作象王，或作鹿馬。如是形象，皆彩畫莊校，狀若生人。

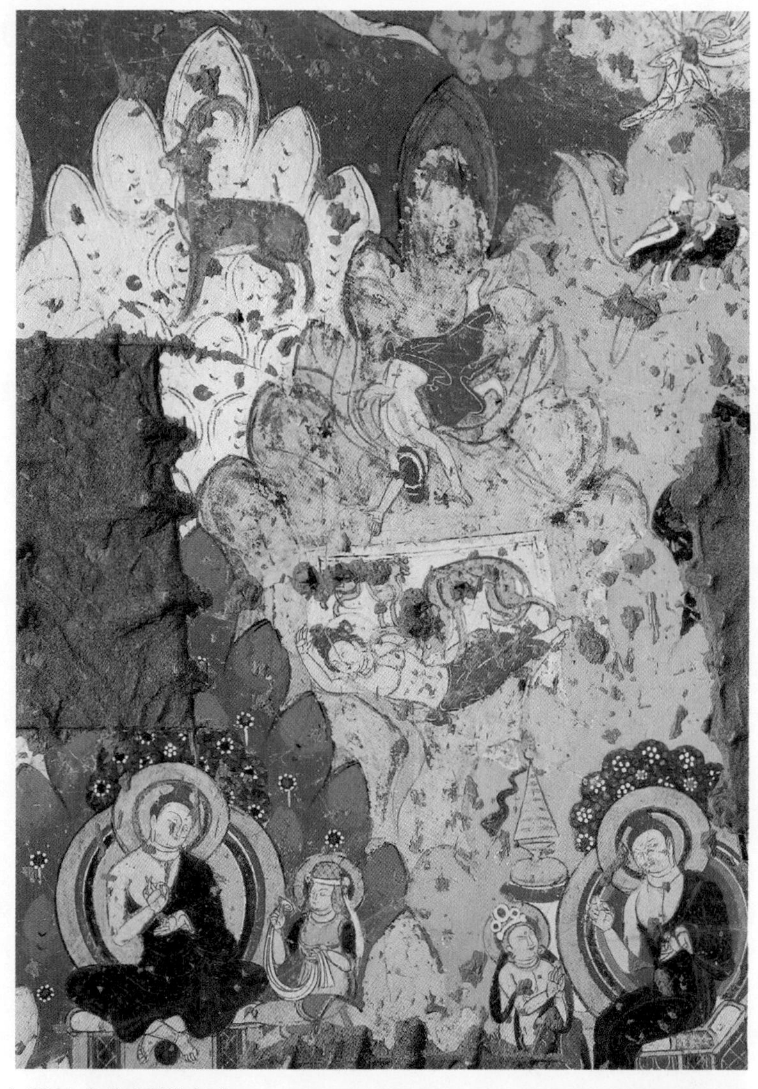

所謂「菩薩五百身已來種種變現」，就是五百種本生故事。可見佛本生故事至少有五百種。

佛教徒利用本生故事來宣傳教義，至遲可以追溯到西元前二世紀至西元三世紀。這一時期建成的桑奇大塔和帕魯德大塔，就有六牙白象、鹿王本生等本生故事。據稱，桑奇大塔的本生浮雕有六種，帕魯德的本生圖有七十五種。印度的其他佛教石窟，如阿旃陀石窟，也都有佛本生故事雕刻。在南傳佛教國家，如緬甸的蒲甘古塔和印度尼西亞的婆羅浮屠，其浮雕取材大多源於本生故事，有的竟把近五百五十個故事一一用浮雕表現出來，蔚成佛本生浮雕的大觀。

在中國，本生故事盛行於小乘佛教流行的龜茲石窟和敦煌莫高窟北朝石窟中。僅克孜爾石窟一處，佛本生故事壁畫可辨識者即達七十二種，其總數當遠不止此。莫高窟北朝石窟的本生題材也有十六種。這是一筆相當豐富的遺存。

◀ 敦煌莫高窟二五七窟九色鹿本生故事壁畫，北魏時期作品，描繪了國王帶領人馬捕捉九色鹿，九色鹿把救人反被陷害的事說給國王聽的情節。

▲ 新疆克孜爾石窟三十八窟佛傳前生薩埵太子以身飼虎壁畫，此處壁畫多用菱形塊狀方式表現，中間一區為薩埵太子以身飼虎。

著名的本生故事畫有哪些？

本生故事種類繁多，內容龐雜，就其表達的主題思想，大致可劃分為四類：宣揚忍辱、施捨；宣揚仁智、信義；宣揚孝行；宣揚聞法、持戒。

以宣揚忍辱、施捨為主題的，數量最多，如捨身飼虎、割肉貿鴿、施眼、施頭、施牙、釘身、須達拏、須闍提等；以宣揚仁智、信義為主題的，如獅子王、猴王、鴿王、九色鹿、樵人背恩等；以宣揚孝友為主題的，如睒子、善友太子、四獸、智馬、猴王救母等；以宣揚聞法、持戒為主題的，如商主、大光明王、獨角仙人、曇摩鉗、瞿樓婆王、婆羅門聞偈捨身等。

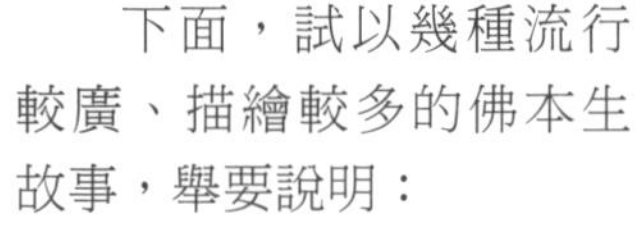

下面，試以幾種流行較廣、描繪較多的佛本生故事，舉要說明：

薩埵太子捨身飼虎。寫太子遊行中見一餓虎欲食其子，乃投身虎前，以身飼虎。

屍毗王割肉貿鴿。寫屍毗王好施捨，天帝化作鷹追鴿以試，鴿飛王旁求救，王割身肉與鴿等重，鴿得免死。

快目王施眼。快目王善施，一盲婆羅門乞眼，王剜目施人。

月光王施頭。一婆羅門乞王頭，王乃以髮繫樹上，使頭落施捨。

六牙白象施牙。一獵師求象王牙，王拔象牙授與。

須達拏太子施捨。太子因施國象被王放逐，復施捨車馬、衣物、身寶及妻兒，終不悔改，得還故國。

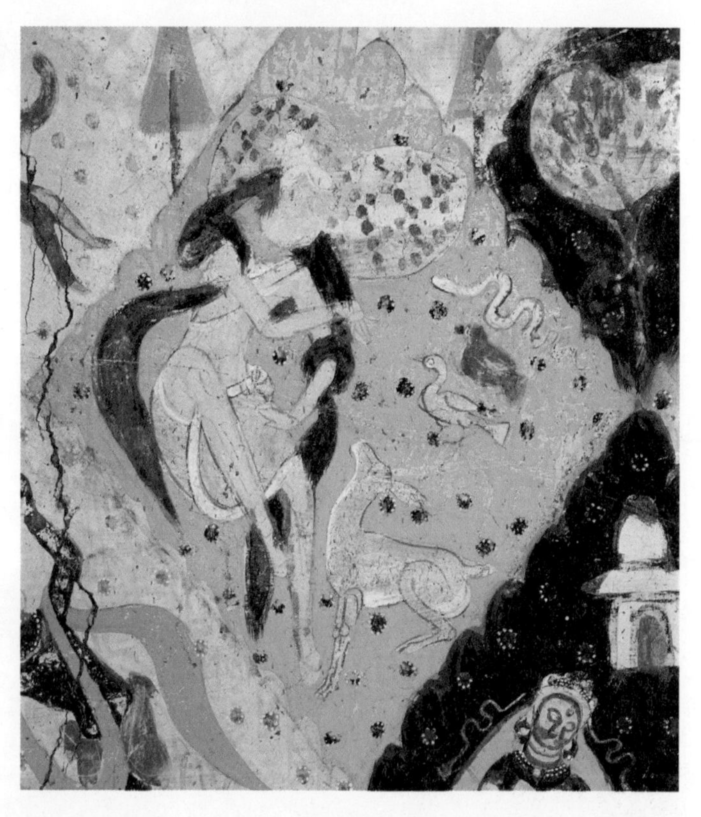

獅子王仁愛。王與獼猴為友，撫育二幼猴，一鷲鳥攫取幼猴，獅子王捨身救助。

猴王以身作渡橋。群猴出遊被追捕，前逃遇深澗，猴王橫身澗上，以身作渡橋，使眾猴逃脫。

鴿王救窮厄。鴿王見雪山中一窮厄迷途人饑寒，投身火中救助。

九色鹿。九色鹿王救一溺水人，溺人貪賞，告國王鹿所。鹿告國王救溺人經過，得免被害。

睒子孝養父母。睒子父母俱盲，至孝奉親。一日睒子為雙親河邊汲水，被國王誤射，帝釋天感而解救。

善友太子入海求珠。善友太子與兄惡友入海求珠，其兄嫉妒，刺弟雙目奪珠還國。善友以孝友復明。

四獸供養仙人。狐、獺、猴、兔四獸，以長幼尊序，依次供養仙人。

智馬濟王命。梵授王有一智馬，王與亂國戰，馬受重劍。為救王命，智馬奮躍蓮池，載王還宮，尋即命終。

猴王深坑救母。雪山猴王率五百群猴，遇獵師圍捕，母猴墮深坑。猴王指揮群猴，互助捉尾下至坑內，將母救出。

大光明王始發菩提心。王得一白象，令象師調教，屢試不馴。乃知象師只可調身，唯佛方可調心。

曇摩鉗太子求法焚身。太子深樂正法，為求授法，投身火坑，烈火變為蓮池。

瞿樓婆王聞偈捨妻子。王宣募求法，毗沙門天王化作夜叉，求王所愛妻、子，王即命食之，曾無悔意。夜叉食盡，為說偈語，妻、子生還。

婆羅門捨身聞偈。婆羅門於雪山坐禪，帝釋天化作羅剎，為說半偈。婆羅門以身奉施，求後半偈，自高樹投下。

◀ 新疆克孜爾石窟三十八窟猴王本生故事壁畫，描繪一隻獼猴王以身作橋讓群猴渡河的故事。壁畫左側即是猴王雙手抱樹、腳蹬對岸作橋的情形。

▲ 新疆克孜爾石窟十七窟精進力比丘本生故事壁畫，應是描繪精進力比丘到山林深處苦修，受佛祖感召欲以身飼其身旁動物的情景。

大乘和小乘佛教藝術有何不同？

大乘佛教，為梵文摩訶衍那（Mahayana）的意譯，主要有龍樹、提婆創立的大乘空宗（中觀派）和無著、世親創立的大乘有空（瑜伽行派）兩個主要派別。小乘佛教，為梵文希那衍那（Hinayana）的意譯。

西元前四世紀，佛教內部由於對戒律和教義看法的不同，分裂形成代表不同政治集團利益的許多派別，後被稱作部派佛教。其最初分為大眾部和上座部，後又分十八部或二十部。西元一至二世紀間，從大眾部的一些支派演變產生大乘佛教，遂把以前的佛教稱為小乘佛教。

乘，即運載、道路之義。小乘佛教標榜自我解脫，大乘佛教則鼓吹救度一切眾生。按照佛教解釋，大乘佛教能運載更多的人，「自利利他」，從現實世界的此岸，到達涅槃境界的彼岸，故稱為大乘

（大車，大道），並把只求獨善的早期佛教，貶稱為小乘（小車）。

小乘佛教藝術的產生，早於大乘佛教藝術。古代印度的早期佛教遺跡（如桑奇、帕魯德大塔和早期阿旃陀石窟等），都屬於小乘佛教藝術範疇。犍陀羅和秣菟羅佛教藝術，則產生於大、小乘佛教的交替、轉換時期，故其題材內容前後期亦有所不同。中國新疆境內天山南麓的龜茲佛教藝術，也基本上屬於小乘佛教藝術。

從基本教義看，大、小乘佛教藝術的主要區別，有以下三種：首先，小乘只強調人空（無我），不說法空，大乘則說人、法二空。因此，小乘佛陀觀只承認此土成道的佛陀，把未來佛彌勒菩薩作為唯一的菩薩，專門崇拜一佛一菩薩。大乘佛陀觀則承認佛有法、報、應三身，在時間、空間上沒有涯際，遍滿世界，這就是十方三世諸佛和菩薩。克孜爾壁畫中，除去少數後期多佛、多菩薩乃至千佛等明顯屬於大乘佛教思想的內容外，絕大多數是本生時的菩薩、本行時的釋迦和未來世的彌勒菩薩，而沒有庫木吐喇和吐魯番石窟中常見的阿彌陀佛、藥師佛、千佛以及觀世音、大勢至、文殊、普賢等菩薩。

其次，小乘持自身解脫的自立獨善立場，大乘持解脫一切眾生的自利利他立場。因此，克孜爾石窟只盛行佛本生、佛傳和因緣故事壁畫，而沒有庫木吐喇等石窟的西方淨土、藥師淨土等淨土題材壁畫。

最後，小乘強調出世間，以出家作為超越苦難之途，大乘則同時主張入世間，只要虛心敬佛，供養佛、法、僧三寶，出家、在家皆可。因此，小乘佛教壁畫中的弟子（羅漢），顯示出脫俗超世的奇譎容貌，佛旁一般只有迦葉、阿難二弟子。而大乘壁畫中弟子形象常為世俗面容，出現十大弟子及十六羅漢、十八羅漢乃至五百羅漢等眾多形象。最明顯的是有關佛去世的涅槃場面，小乘壁畫佛旁只有出家弟子、天人、菩薩等，大乘壁畫則繪出了眾多的世俗弟子像。

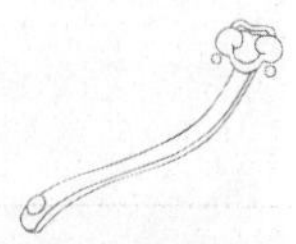

◀ 仰光大玉佛。慈眉善目的大臥佛面龐豐滿圓潤，露出恬靜慈祥的微笑。

何謂三十三觀音，為什麼許多地方造出千手千眼觀世音像？

《妙法蓮花經・普門品》中說觀世音菩薩有三十三種變化身，包括佛以下弟子、聲聞、四眾、天龍八部等各階層人物，與此相應，有三十三尊觀世音之說。

三十三尊觀世音即不空羂索、不空勾、耶輸陀羅、忿怒勾、阿魯利迦、如意輪、圓滿意願、大隨求、利樂金剛、滅惡趣、一髻羅剎、多羅女、蓮華生、披葉衣、千手千眼、十一面、大吉祥、水吉祥、大勢至、大明白身、毗俱胝、大吉大明、豐財、馬頭、白身、白處尊加上六大觀音。這些觀世音菩薩，多為密宗中題材。還有一類三十三觀音，多為中國所創作，是畫家根據民間傳說的隨意之筆，如楊柳、水月、寶相、遊戲、魚籃、馬郎婦、灑水觀音等。

觀世音菩薩是佛教諸神在中國民間影響最大、信仰最眾的一尊菩薩。密宗在中國興起後，按照密宗儀軌繪製的多面多臂諸神中，千手千眼觀世音（大悲觀音），也占有十分重要的地位。據佛經所載，該菩薩有千手千眼，表示渡一切眾生，廣大圓滿而無礙之義，故其身分與佛相同。供養這一菩薩，還可以得到息災、增益、敬愛、降伏等四種成就法。因而，在莫高窟、龍門及四川諸石窟中，盛唐以來直至五代、兩宋造像，都造出大悲觀音像，成為密宗造像的主要題材。新疆庫木吐喇石窟近年也發現這種造像。在內地的許多著名佛寺，如河北正定隆興寺（宋）、天津薊縣獨樂寺（遼）、太原崇善寺（明）、承德普寧寺大乘閣（清）中，都雕大悲菩薩像作為主像供養。

值得注意的是，至遲從唐代開始，中國民間已流傳有大悲觀音菩薩為妙莊王幼女妙善之說。現存河南寶豐縣宋元符三年（一一〇〇年）由蔣之奇撰文、蔡京書丹的《香山大

悲菩薩傳碑》，碑文內容記述大悲觀音菩薩修道經過，並記碑文原本係唐終南山道宣律師所傳，由汝州香山寺住持沙門懷晝出示於蔣之奇。該碑為珍貴文物，在佛教史上及書法研究上都具有重要價值。這就使這位外來的法力無邊的菩薩，從身世到形象都經過一番改變，賦予其更濃烈的中國色彩，更易為中國人所接受，流傳也更廣。今大同善化寺三聖殿扇面牆後，原繪大悲觀音像（現為韋馱像），殿後簷下所懸牌匾，亦引述蔣之奇所撰《大悲菩薩香山傳》，可見此碑影響之一斑。

◀ 重慶大足縣寶頂山千手千眼觀音像。
▲ 西安大興善寺觀音殿千手千眼觀音像。

觀音和彌勒像為何在中國流行？

中國民眾的佛教信仰中，觀世音和彌勒菩薩的名氣最大，可以說是家喻戶曉、婦孺皆知。研究這一社會現象，對瞭解中國的民間信仰情況，具有極重要的價值。

觀世音菩薩是西方淨土佛主阿彌陀佛的脅侍。觀世音名稱的由來，據說觀其音聲之人，皆得解脫。作為接引諸佛之一，觀世音菩薩負有導引眾生往生西方淨土的使命。隨著東晉名僧慧遠首創「蓮社」，誓願生阿彌陀淨土以及北魏曇鸞創立淨土念佛信仰以來，淨土崇拜和淨土念佛先是在南朝，後是在北朝後期流行。唐代以後，以阿彌陀及觀音、勢至崇拜為主的淨土宗得以興盛，因此，造立觀音像日多。據記載東晉義熙四年（四〇八年），太原郭宣被執在獄，心念觀世音，夢睹菩薩，遂被恩赦。出獄後，乃造像立精舍，這是觀世音像首見於文獻。甘肅永靖炳靈寺西秦建弘元年（四二〇年）一六九窟北壁有「西方三聖」龕，大同雲岡第十一窟東壁太和十一年（四八七年）所造九十五軀像中，也有觀世音與文殊師利、大勢至菩薩像。

彌勒菩薩為兜率天淨土的本尊。據佛經記載，彌勒上生兜率天宮為人間決疑，是位登十地的正覺菩薩。彌勒還是釋迦滅度後下生人世的未來佛。彌勒一旦「下生世間作佛，天下太平，毒氣消除，雨潤和適，五穀滋茂，樹木長大。人長八丈，皆壽八萬四千歲」（《法滅盡經》）。這樣的淨土世界，怎不令人心神往之？最早提倡彌勒信仰的是東晉名僧道安（三一二～三八五年），他曾與弟子法遇等八人於彌勒前立誓願生兜率天，並著有《往生論》、《淨土論》等著疏。此後，彌勒信仰先是在河西地區和新疆高昌地區流行，並逐漸傳入內地。南朝宋元嘉八年（四三一年），比丘尼道瓊大造形象，處處安置，其中在瓦棺寺造彌勒形象二軀，是現存較早的文獻記載。中國北方石窟多與禪修有關，敦煌、雲岡、龍門等北朝石窟，多造交腳坐式的彌勒菩薩，還在窟內外上層專門鑿出彌勒龕，都與禪定決疑有關。最早的彌勒佛記載，見於龍門古陽洞南壁太和二十二年（四九八年）高楚造彌勒佛、北壁景明四年（五〇三年）比丘慧樂為北海王元詳造彌勒佛像題記。北朝晚期以後，彌勒佛像大多採取雙腿下垂的倚坐式。唐代以後，觀音造像比彌勒造像更受歡迎。

觀音、彌勒造像在其傳播過程中，日益被賦予濃厚的民族化、世俗化色彩，頗為引人注目。

相傳觀世音曾立誓普救世上一切受苦眾生，方願成佛。這樣一種大慈大悲、救苦救難的形象，理所當然地受到處於水火

之中的下層廣大民眾的信仰，在民間廣為流傳。試看中國各地下層民眾造觀音像之多，足可證明。傳之既廣，民間遂有「女相觀音」之說，並由畫家各逞其技，衍化為馬郎婦、水月、白衣、披髮、魚籃、送子觀音等種種形象，千手千眼觀世音的前身亦有說為妙莊王三女妙善者。就連一些修行高深的名僧，如達摩、寶志、泗州僧伽和尚等，也都演義為觀音化身，其深入民間的程度，發人深省。

彌勒的情況，稍有不同。作為未來佛，彌勒經常被歷代農民起義作為建立「新世界」的號召。北魏延昌四年（五一五年），冀州僧人法慶率眾起義，標榜為「新佛出世，除去眾魔」。近代的白蓮教起義，亦以彌勒佛為宗教旗幟。唐代女皇武則天，為其登基作輿論準備，偽造《大雲經》，以彌勒自況，預言武周新朝的建立，這些都是宗教為政治服務的實證。至於五代以後，以僧人契此的形象作為彌勒再世，從此，笑口常開的「大肚彌勒佛」在中國廣為流傳。

◀ 山西平遙雙林寺駕雲斜立於柱面的懸塑觀音像。塑像構圖精巧，圖中駕雲菩薩有如臨空照看著浮圖眾生。

▲ 山西平遙雙林寺釋迦殿內的渡海觀音。此懸塑作品構圖繁複，造像有如浮雕。

地藏菩薩是誰？

地藏菩薩的得名，是因其「安忍不動猶如大地，靜慮深密猶如秘藏」。佛經中說，地藏菩薩受釋迦牟尼佛囑咐，在釋迦佛滅度之後，彌勒佛未生之前，教化六道眾生，拯救一切罪苦，所以地藏又稱悲願菩薩。

地藏菩薩現身於天、人和地獄之中，眾生只要稱地藏菩薩名號，就可以解脫一切苦難，實現自己的願望。

地藏菩薩的信仰在中國於隋末唐初開始流行，此時地藏的形象也開始出現。龍門石窟於唐高宗麟德年間雕鑿了地藏像，多為菩薩裝、舒相坐式。這一階段的地藏像是作為流行於民間的三階教主像而供奉的。敦煌莫高窟在盛唐時期也出現了地藏像，不過已是手持錫杖的沙門形象。

從晚唐開始，地藏形象才大量出現，主要集中於四川北部和中部的石窟，以及敦煌莫高窟、杭州西湖石窟等地。五代以後，地藏的形象比較固定為頭戴風帽、雙手各持寶珠和錫杖的沙門裝樣式，如大足北山第三十七窟和敦煌石室本北宋地藏十王絹畫。江南一帶情況略有不同，杭州慈雲嶺資延寺五代地藏像和金華萬佛塔塔基出土的北宋地藏像，都是光頭大耳的比丘形象。

五代以來，成都府大聖慈寺沙門藏川述寫的《佛說地藏菩薩發心因緣十王經》

廣為流傳，於是解救六道眾生出地獄的地藏菩薩與十殿閻王、地獄變和六道輪迴等題材相聯繫，地藏的形象更為豐富。大足大佛灣第二十窟非常典型，此窟為宋代雕鑿。龕內主像為地藏，地藏兩側上層各雕五個明王，中層是十組地獄變相，下層是八組地獄變相。杭州慈雲嶺資延寺的地藏菩薩頭上引出雲紋，繞向龕楣，雲間浮雕六道輪迴圖。「六道」又稱「六趣」，佛教認為不同的修行得到不同的境界，即「六趣」：天、人、阿修羅、餓鬼、地獄和畜生。如不求解脫，就永遠在六趣間輪迴。地藏菩薩曾發願，要盡度六道眾生，令眾生解除痛苦，然後始願成佛。上述造像正是這種說法的形象表現。

關於地藏菩薩，在中國還有另一種說法。據《宋高僧傳》記載，釋迦佛滅度一千五百年後，地藏菩薩降誕為新羅國王族，姓金名喬覺，出家後於唐玄宗時航海來到中國，居安徽九華山數十年，九十九歲圓寂。當地一位閔長者長期供養地藏，閔長者的兒子隨地藏出家，稱道明和尚，後來閔家父子成為了地藏菩薩的脅侍。九華山的月（肉）身殿，相傳為地藏成道處。九華山成為地藏菩薩顯靈說法的道場，是中國佛教四大名山之一。

◀ 重慶大足縣北山佛灣第一七七號地藏變相圖（北宋）。
▲ 重慶大足縣北山佛灣第二七九號東方藥師淨土變相龕地藏像（五代 後蜀）。

什麼是十殿閻王？

十殿閻王略稱「十王」，是中國佛教中十個主管地獄的閻王總稱，十王分居地獄十殿，故稱十殿閻王。

依據《集說詮真》和大足石窟石篆山第九龕的北宋十王形象，我們分別述說之。

第一殿是秦廣王，專司人間夭壽生死，統管幽冥吉凶。形象是豹眼獅鼻，落腮長鬚，頭戴方冠，右手持笏於胸前。

第二殿是楚江王，司掌活大地獄。凡在陽間傷人肢體，奸盜殺生者入此。閻王短臉闊口，頭戴冠，身著長袍，左手捧笏。

第三殿是宋帝王，司掌黑繩地獄。凡在陽間忤逆尊長、教唆興訟者，被推入此獄。閻王橫眉瞪眼，雙手於胸前捧笏。

第四殿是五官王，司掌合大地獄，凡世人抗糧賴租，交易欺詐者入此獄。閻王形象是皺眉瞪眼，連耳長鬢，頭戴方冠，身穿長袍，左手在膝前握一個念珠，右手持笏放在膝間。

第五殿是閻羅王，先前本來居第一殿，由於同情屈死者靈魂，常常放他們回陽世報怨，被降職到第五殿。閻羅王是十王之中在中國最為人所知的，其形象是白淨面孔，頭戴冕旒，兩側垂香袋護耳，身穿荷葉邊翻領寬袖長袍，雙足著靴，雙手在胸前捧笏，正襟危坐。

第六殿是變成王，司掌大叫地獄和枉死城。凡世人怨天尤地，對北溺便涕泣者，被推入此獄。閻王豎眉張口，頭頂戰盔，身著鎧甲，束腰勒帶，足踏革靴，雙手於胸前拱揖。

第七殿是泰山王，司掌熱惱地獄。凡陽世取骸合藥，離人至戚者，發入此獄。閻王是扁鼻凹臉，頭戴方冠，雙手於懷中持笏。

第八殿是都市王，司掌大熱惱大地獄。凡在世不孝，使父母翁姑愁悶煩惱者，被投入此獄。閻王白淨面皮，雙手捧笏。

第九殿是平等王，司掌酆都城鐵網阿鼻地獄。凡陽世殺人放火、斬絞正法者，解到本殿，處以極刑，然後交到第十殿。平等王是老者形象，連鬢長髯，頭戴方冠，身著長袍，雙手握於袖中，懷中抱著笏板。

第十殿是轉輪王，專司各殿解到的鬼魂，分別善惡，核定等級，然後發往四大部洲投生。男女壽夭，富貴貧賤，逐名詳細開列，每月匯知第一殿註冊。閻王面有短鬚，雙手捧笏。

十殿閻王本是唐代末年出現的民間俗說，但後來佛教、道教都加以接受。舊時的城隍廟中也多有十王殿。

◀《地藏十王圖》之「閻羅天子包」，陸信忠繪。閻羅王居地獄十殿之第五殿。

▲《地藏十王圖》之「秦廣王蔣」，陸信忠繪。秦廣王居地獄十殿之第一殿。

韋馱和關羽是怎樣的護法神？

走進佛教寺院，第一重殿宇是天王殿，大肚彌勒笑臉相迎。在彌勒像後面，一般供奉著一位身穿甲冑的將軍，這就是佛教的護法神韋馱。

這個護法神本是韋天將軍，相傳姓韋名琨，是南方增長天王屬下的八大神將之一，居四天王三十二神將之首。唐代初年，僧人道宣夢見此神稱：「弟子是韋將軍，諸天之子，主領鬼神，如來欲入涅槃，敕弟子護持贍部遺法。」此神還「往還護助諸出家人」。但是後來把韋天將軍與佛經中所說的韋馱天相混。韋馱是佛教天神，傳說佛涅槃時，有邪魔將釋迦牟尼的遺骨奪走，韋馱猛趕急追，終於將遺骨奪回，所以認為他能驅除邪魔、保護佛法。

從宋代開始，寺院內供養韋馱，稱之為韋馱菩薩。他一般是童子面相，身著全身甲冑，手持金剛杵，表明他勇猛善戰，並且有赤子之心。杭州靈隱寺天王殿內的木雕韋馱，相傳為宋代遺物，形象威武而不失和善。

關羽是大家都熟悉的人物，他字雲長，河東解縣（今山西運城）人，是三國蜀漢大將，佛教把他列為寺院的守護神。

傳說隋代天台宗智顗在當陽玉泉山建精舍，山上出現種種恐怖現象，虎豹號叫，蛇蟒當道，鬼魅長嘯，陰兵血唇劍齒，形象醜陋。智顗安然以對。這時出現兩人，「威儀如王，長者美髯而豐厚，少者冠帽而秀髮」，自通姓名，是關羽、關平父子。關羽說，死後主此山，從未見過像大師一樣法力無邊的人，願捨山為大師作道場，並且願意永遠護衛佛法。智顗同意了，在寺院建成之後，為關羽授五戒。

又有傳說，唐代高僧神秀到當陽玉泉山創建道場，見當地人都供養關羽，就拆毀了關帝祠。忽然關羽出現，向神秀講明前事，神秀就破土建寺，並讓關羽作寺院的守護神。

後世根據這些傳說，就把關羽列入伽藍神，在寺院中塑關羽像供奉。比如杭州靈隱寺在十八伽藍神旁另塑關羽像，使關羽這一民間神將為佛教服務。

▲ 山西運城解州關帝廟關羽像。

▶ 山西平遙雙林寺神殿內的護法神韋馱立像。

什麼是彌勒菩薩和彌勒佛？

彌勒，是梵文Maitreya的音譯，意譯為慈氏。彌勒是姓，名阿夷多。彌勒成佛以前，被稱為彌勒菩薩。

據《彌勒上生經》和《彌勒下生經》記，彌勒原出生於婆羅門家庭，後來成為釋迦佛的弟子，先於釋迦入滅，上生於兜率天宮。釋迦佛滅度後，經五十六億七千萬年，彌勒從天宮下生到人間，在華林園龍華樹下成佛，教化解脫眾生。

在中國，從兩晉就開始流行彌勒信仰，到十六國時期，彌勒信仰的主要經典都有翻譯。但是一直到北魏中期，社會上主要流行彌勒上生信仰，即彌勒在兜率天宮為諸天眾生說法，以及往生彌勒兜率淨土的辦法。

佛教經典說，若人皈依三寶，誠心向上，就可以往生彌勒淨土世界，「除卻百億生死之罪」。這個世界「有八色琉璃渠，十一渠有五百億寶珠而用合成……於四門外化生四花，十一花上有二十四天女，身也微妙，左肩荷佩無量瓔珞，右肩復負無量樂器。如雲住空，從水而出。若有往生兜率天上，自然得此天女侍御」。在這天堂樂園裡，彌勒為眾人說法，解除人們一切煩惱。

伴隨著信仰的流行，彌勒的形象也出現了，現存最早的彌勒像，是甘肅炳靈寺石窟第一六九窟西秦時繪製的，像旁墨書「彌勒菩薩」。新疆克孜爾石窟及莫高窟北涼時期的洞窟，多以彌勒為主像；雲岡石窟孝文帝遷都以前的洞窟，以及龍門石窟的早期洞窟，都有很多彌勒造像，並且占據重要位置。這些彌勒形象都是身穿菩薩裝，一般是交腳而坐，在屋形佛龕內說法，表現的是兜率天宮的場景。

從北魏前期開始，逐漸流行對彌勒下生的景仰，北魏以後對彌勒上生的信仰已經很少見了。彌勒下生是指彌勒降到人間成佛，從此「天下太平，毒氣消除，雨潤和適，五穀滋茂，樹木長大。人長八丈，皆壽八萬四千歲，眾生得度，不可稱計」。

信仰的變化也在造像中反映出來，彌勒穿上了佛裝。現存最早的實例，是北魏太和二年造的金銅彌勒佛造像。北魏以後，在石窟中的彌勒造像多是佛裝倚坐式。隋唐時期對淨土的信仰更加流行，彌勒淨土亦不例外，莫高窟的彌勒經變畫最有代表性。畫畫上表現彌勒下生到翅頭末城，城中清潔無塵，以金沙覆地，「有香美稻，一種七穫，百味具足，入口消化」，樹上自然生衣，穿著舒適，等等場面。

通過對龍門石窟唐代造像的研究，可以看到一個有趣的現象，就是從唐高宗到唐玄宗開元、天寶年間，阿彌陀西方淨土信仰日益興盛，而彌勒淨土信仰日漸衰落。五代以後，更由僧人契此作了彌勒化身，世人只知「大肚彌勒」了。

▶ 敦煌莫高窟二七五窟北涼時期的交腳彌勒佛像。當時敦煌一代流行彌勒佛信仰，此佛像可說是當時的時代見證。

布袋和尚為何稱做「大肚彌勒」？

說起「彌勒佛」，一般人都會想到寺院天王殿的胖和尚，他肥頭大耳，大腹便便，笑得眼閉口開，讓人覺得喜氣洋洋。這個和尚就是人們常說的「布袋和尚」。

根據《宋高僧傳》和《佛祖歷代通載》等書記載，布袋和尚本名契此，又號長汀子，是五代時期活動在江浙一帶的僧人。

傳說他形體肥胖，經常在錫杖上掛一個布袋行乞，所得之物就放在袋中。餓了就吃一些，飽了就隨便找個地方睡下。他出語無定，但給人預示吉凶則非常靈驗。他還能預知晴雨，沾雪不濕，讓人覺得很神奇。

五代後梁貞明二年（九一六年），契此端坐在明州岳林寺一塊磐石上，口念：

「彌勒真彌勒，分身千百億，時時示時人，時人自不識。」然後就圓寂了。由於他行動奇特，臨死前又念了這樣的偈語，所以有人認為他是彌勒轉世。又由於他生前總是悠然自得，喜笑顏開，讓人覺得非常親切。

從宋代開始，在江浙一帶就按「布袋和尚」的形象塑像供養，後來又放到寺院天王殿，使人一進寺門就可望見，讓人覺得心中歡喜。

現存最早的大肚彌勒形象在杭州飛來峰石窟，他席地而坐，右手按一布袋，像剛剛接受了施捨，左手拿著一串念珠。面部表情豐富，笑態憨厚，雙耳垂肩，下巴肥厚。腹下束繩，托著時時欲出的大肚子，完全是一個親切慈祥的老者形象。見到他的笑顏，觀者也不自禁沉入歡樂之中。

在大肚彌勒兩旁，雕刻了十八羅漢，他們形態各異，襯托出彌勒形象的怡然自得。

◀ 杭州飛來峰大肚彌勒像，是飛來峰造像中最大的一尊，也是中國現有最早的大肚彌勒佛。

▲ 淄博陶瓷一彌勒佛。圖中「布袋和尚」喜笑顏開，悠然自得，讓人心生歡喜。

泗州大聖為何稱做觀音化身？

泗州（今江蘇泗洪縣）是歷史上的名城，初唐時有西域和尚僧伽定居於此，因名泗州和尚。僧伽在初、盛唐時期，是一位頗具影響的和尚。僧伽像初為皇帝所供，繼而傳遍燕薊之地，至後周則為全國所崇奉。

宋贊寧《宋高僧傳》卷十八《唐泗州普光王寺僧伽傳》記載，釋僧伽為蔥嶺北何國人，少而出家，誓志遊方，始至西涼，次歷江淮。唐龍朔初年，至臨淮，始露神異，擇地建寺，得香積寺古碑及金像，像衣上刻「普照王佛」字，乃因舊寺基建普照（光）王寺。中宗景龍二年（七〇八年），皇帝遣使詔赴內道場，帝御法筵，言談造膝，占對休咎，契若合符，賜寺名普光王寺。四年卒於長安，還葬泗州普照王寺。大曆十五年（七八〇年），代宗賜絹三百匹，雜彩千段，金澡罐，皇太子衣一襲，並令寫貌（畫像）入內供養。乾符中，謚賜證聖大師。中宗乾元後，燕薊將僧伽寫貌帶回，輾轉傳寫其像。五代末周世宗取泗州後，天下凡造精舍，必立僧伽真像，榜曰「大聖僧伽和尚」。迨及清代，福建街巷間多供「泗州文佛」，鑿龕設像，或供牌位，猶奉觀音大士。

▼ 敦煌莫高窟二一七窟觀無量壽經變壁畫，盛唐時代作品。無量壽佛居中坐在蓮花台上，頂上有精美華蓋，諸天眾菩薩、飛天、伎樂等圍繞四周，場面盛大莊嚴。

什麼是經變畫？

經變畫是佛經變相的簡稱。所謂變相，是變佛經為圖相，亦即變現出來的形象，簡稱為變。這就是說，繪畫或雕刻佛經中的故事，叫做變相、變現，簡稱為變。中國佛寺中繪製變相圖，早在南北朝就已開始。

在玉門關以東大乘佛教盛行的情況下，原有的「六度」修行的途徑，已不能完全適合人們的需要，轉而重視大乘學中的《法華》、《維摩詰》、《涅槃》、《彌勒下生》、《阿彌陀》諸經的說教。為了使大多數人都懂得佛教的道理，便需要用通俗語言向人們講說。於是，創造了經變畫，以一系列故事作譬喻，用生動活潑而富有感染力的畫面使人們易於理解。唐代佛教宗派建立以後，各宗都將自己依據的主要經典繪製出來，推動了經變畫的繁盛。

《歷代名畫記》記述，梁代名畫有寶積經變傳世（卷七），隋代名畫有展子虔的法華變、董伯仁的彌勒變、楊契丹的雜佛變傳於世（卷八）。著名繪畫高手，競逞丹青於宗教壁畫，盛極一時。

石窟中的大乘經變畫，以敦煌莫高窟最早，隋和初唐就已經出現。

▶ 敦煌莫高窟一〇三窟維摩詰經變壁畫。維摩詰是一位在家修持佛法的大乘居士，精通佛理且辯才無礙，壁畫即描繪了他與文殊師利菩薩辯法的情景。

佛教經變與變文、俗講有何關係？

唐代，隨著佛教的深入民間和宗派的建立，出現了用講經儀式、講唱經文、著重敷演故事以吸引聽眾的「俗講」。

俗講時，依據講經儀式，先有唱經題前的吟詞，叫押座文；接著便有俗講經文，即講經文。講經文由於故事性突出，後來便俗稱為「變文」，或者稱為變。這就是說，用通俗的語言，加上有韻的唱詞話本，來宣講佛經，便是俗講，亦即後來的變文。變文與佛經變相（經變）互相配合，唱變文的人，為了使所講佛經故事明白曉達，同時又把故事繪成畫卷，張掛以配合說唱，這就是經變畫。可以說，經變和變文，是俗講的產物。

俗講這種講經形式，至少在初唐已經出現。唐《高僧傳・善伏傳》中，記載了貞觀三年（六二九年）常州義興寺沙門善伏俗講事：「竇刺史聞其（善伏）聰敏，追光州學，因而日聽俗講，夕思佛義」。

《大唐大慈恩寺三藏法師傳》卷九中，記載顯慶元年（六五六年）十二月五日：「其日，法師又重慶佛光王（唐中宗李顯）滿月，並進法服等，奏曰：輒敢進金字般若心經一卷並函，報恩經變一部。」這裡，玄奘獻給唐高宗的，是心經原本和報恩經變文。可見，貞觀三年以前，已有佛經俗講；顯慶元年以前，已稱俗講經文為變文。

變相和變文這對親兄弟，是佛教的產物。開始時只是嚴格地講唱經文，有說有唱，在寺廟中由法師在高座上聚眾宣講。為了招徠聽眾，漸漸演變成不援引經文，只是講唱佛經故事。甚至只沿襲變文講唱對話的儀式，俗講與佛經無關的中國固有的詩、詞、傳、記等文體，以舖敘故事取勝。從在寺院中講唱，又流傳到寺院以外的藝人。影響所及，深入民間，已非俗講僧當初的原意了。到了宋代，僧人在「瓦子」中宣講，有所謂「談經」、「說諢」、「說參請」等出現。再後，便發展為宋金時的「寶卷」文學，可以說是唐代變文的嫡派子孫，中國俗文學史由此發端，演變成枝葉繁茂的民間文學，這是俗講變文的貢獻。

唐代寺院中俗講，唐玄宗時已甚流行。《唐大詔令集》卷一一三載開

元十九年（七三一年）曾禁斷俗講：「近日僧尼，此風尤甚，因依講說，眩惑閭閻……或出入州縣……或巡歷村鄉，恣行教化。」

至長慶、太和、會昌以後，俗講又盛。當時長安有名的俗講法師，左街有海岸、禮虛、齊高、光影四人，右街有文漵等三人，以文漵最著名。唐趙越璘《因話錄》中記：

有文漵僧者，公為聚眾譚說，假托經論。所言無非淫穢鄙褻之事……愚夫冶婦，樂聞其說。聽者填咽寺捨，瞻禮崇拜，呼為和尚。教坊效其聲調，以為歌曲。

這種聲音宛暢、說唱並舉的俗講，當然被沒有多少文化的下層民眾所喜聞樂見，這便是佛教的通俗化和普及化。

變文這種文學體裁，因敦煌寫經的發現而重見天日。除了阿彌陀經、法華經、維摩詰經、父母恩重經等佛經講經文或變文外，也有採納民間傳說、歷史故事而演義的《舜子變》、《伍子胥變》、《王昭君變》等變文。其中《降魔變文》，敘述舍利弗降伏六師故事，卷子背面繪有舍利弗與勞度叉斗聖的變相，每段圖畫與變文相應，這是經變與變文關係的最好說明。

◀ 重慶大足縣寶頂山大佛灣第十五號父母恩重經變相（南宋），龕高六百五十公分，寬一千四百五十公分，全圖十一組人物圖像，圖為其中一組。

▲ 北魏時期的敦煌壁畫「屍毗王割肉貿鴿」。圖中稱量的衡器，為我們提供了中國最早等臂秤的圖形資料。

代表性的經變題材有哪些？

中國現存的佛教經變壁畫和雕塑，以敦煌莫高窟和四川諸石窟保留最多。這些場面宏大、氣象萬千的經變，因時代、地區和宗派的不同，呈現出一幅幅恢宏的畫面。

淨土宗是唐代佛教的重要宗派，流傳極廣。在引人注目的淨土經變中，有根據《阿彌陀經》創作的西方淨土變，根據《觀無量壽經》創作的「觀經變」，根據《彌勒下生成佛經》創作的彌勒變，根據《藥師如來本願功德經》創作的東方藥師變等。其中，觀經變是西方淨土變加上未生怨故事和十六觀，藥師變複雜者加上九橫死和十二願。

表現幾種重要大乘經典的經變有以《妙法蓮華經》為題材的法華經變，以《維摩詰經》為題材的維摩變，以《大般涅槃經》為題材的涅槃變，以《大方便佛報恩經》為題材的報恩經變，以《大方廣佛華嚴經》中「華嚴九會」為題材的華嚴經變，以《報父母恩重經》為題材的父母恩重經變等。

此外，表現禪宗思想的經變，有根據《大乘入楞伽經》創作的楞伽經變，根據《思益梵天所問經》創作的天請問經變和牧牛道場等。表現天台宗思想的有法華經

變。表現密宗思想的，有根據《大乘密嚴經》創作的密嚴經變，根據《十王經》創作的地藏與十王變，根據《藥師如來本願功德經》創作的藥師變。

經變畫的創作與發展，與當時的政治風雲緊密聯繫，成為佛畫為政治服務的典型實例。如武則天時期的寶雨經變，配合了武則天重譯《寶雨經》、敕建大雲寺，為登基製造輿論的政治形勢。晚唐以後，大幅「勞度叉斗聖變」出現，反映了沙州收復、吐番統治時期結束後，沙州民眾戰勝吐番奴隸主的勝利喜悅。

在遺存豐富的莫高窟壁畫寶庫中，別具一格的「賢愚經變」屏風畫，十分難得。《賢愚經》是北涼時在河西彙編的本生、因緣故事集，在西域、河西一帶流傳很廣。盛唐以後的這種屏風經變故事畫，多達三十七品，且均附有榜題文字，應是唐、五代寺院中俗講的主要內容之一。在石窟中，俗講僧引導信眾邊講唱，邊指看壁畫。這是研究石窟俗講、壁畫變相與俗講變文關係的實物資料。

◀ 重慶大足縣寶頂山觀無量壽經變相，敘述佛陀應韋提希夫人所請，示現西方極樂淨土，並說修三福、十六觀為往生法的故事。

▲ 重慶大足縣寶頂山大佛灣第十五號父母恩重經變相（南宋），以故事敘說父母從求子、懷孕、臨盆、哺育、長大成人乃至百歲仍為子女煩憂的深情。

什麼是地獄？地獄變是什麼樣的畫面？

地獄為一種宗教觀念，與「天堂」相對，為許多宗教所共有。據稱地獄位於地下，是惡鬼居住和罪人死後靈魂受苦受罰的地方。

佛教講業報輪迴，聲稱有天、人、阿修羅、餓鬼、地獄、畜生等「六趣輪迴」，由於人的行為善惡不同，分別墮入六趣中輪迴。其中，由於妄語欺誑、剽竊財物、陰謀害人等事，必墮地獄。

地獄的名稱不一，最早的記載見於《長阿含經》、《大樓炭經》、《起世經》等。《長阿含經》中說有八大地獄：想、黑繩、堆壓、叫喚、大叫喚、燒炙、大燒炙、無間地獄。想地獄又有十六小獄。宋日稱譯《六趣輪迴經》說有等活、黑線、炙熱、眾合、號叫、大號叫、無間、銅爪、鐵刺、劍葉、鐵鷹、鐵磨、煻煨、屍糞、鐵碓等十六地獄。地獄天子叫閻羅，下有小王八，小王下又有復容王三十。另一說據《十王經》，地獄閻羅有十王。《十王經》中還記載，地藏菩薩可解救六道眾生，其墮入地獄者「皆令離苦及余惡趣」，以進入人、天二趣中。

初唐以後，中國寺院中已繪製地獄變壁畫。在西京慈恩寺、淨域寺、化度寺及東京福光寺等處，都畫過地獄變。

重慶大足寶頂大佛灣地獄變大幅雕刻，是保存最完整的一組群像。該處雕刻

分上下兩層，上層正中刻地藏菩薩像，左右分刻秦廣大王、初江大王、宋帝大王、五官大王、閻羅天子、變成大王、泰山大王、平正大王、都市大王、轉輪聖王等十王像。下層刻刀山、鑊湯、寒冰、劍樹、拔舌、毒蛇、鋸解、黑暗、截膝、阿鼻、餓鬼、鐵輪、刀舡、鑊湯、鐵輪、糞等十六地獄變相，每一像旁，都有題名和贊詞。

地獄變題材中，莫高窟和北山、資中、大足、安岳等處石窟，都有地藏與十王變，敦煌石室本地藏與十王繪畫也有多幅。 杭州資延寺北龕、四川安岳圓覺洞和內江翔龍山石窟，都刻有地藏菩薩與六趣輪迴變。

◀ 重慶大足石刻寶頂山的地獄變相。

▲ 重慶大足石刻寶頂山六道輪迴圖。輪迴指六道眾生因有未盡之業，而於六道中受無窮流轉生死輪迴之苦，故稱為六道輪迴。

什麼是佛教感通故事圖變？

透過佛的神通、奇蹟故事，宣揚佛教信仰，以使宗教神聖觀念帶入人間社會，啟示人們去相信救世主的描繪，稱為佛教感通故事圖變。

中國佛教史充滿許多神話式感通故事。唐代，著名高僧道宣的專著《集神州三寶感通錄》流行。初唐開始，莫高窟壁畫中描繪了不少佛教感通故事。

西元八世紀初開鑿的莫高窟第三二三窟，描繪了漢武帝得祭天金人，使張騫通西域大夏問佛名號，康僧會勸服吳王信佛，佛圖澄以法術滅幽州四門火，吳郡石佛浮江，東晉揚都金像出水，隋文帝敬法感應降雨等畫面，並配以題記文字。 而描繪暴戾皇帝改悟信佛、高僧作法滅火、佛像浮江感應、隋文帝受八戒天下風雨順時等圖畫和文字，都是敬佛得福的故事。

莫高窟第二三七窟繪有優填王刻梅檀佛迎佛真身故事，龍門敬善寺也有優填王造像。這是講佛升三十三天為母說法，人間渴仰一睹佛容，優填王即召募中國諸巧師匠，以牛頭梅檀作佛像。

莫高窟、安西榆林窟中，繪有西域聖跡故事壁畫，如「于闐國舍利弗與毗沙門決海」，說的是于闐國初不信佛，中國變為一大湖，佛命舍利弗與毗沙門天王決海，使湖乾涸的故事。

莫高窟壁畫中，還繪有高僧得道後的靈異神通故事，如「聖者泗州和尚」僧伽像、劉薩訶和尚因緣變和涼州瑞像。這些和尚，或來自西域，或生在中原，卻都出現於壁畫中，都是由於虔誠向佛、屢示神異，最後成佛並被供養起來的。

◀ 重慶大足縣北山大佛灣第五號毗沙門天王像龕（晚唐），高二百九十五公分，寬二百七十四公分，深一百四十五公分。

什麼是佛教史跡故事畫？

佛教感通故事壁畫中，一般都標明具體的人物、時間、地點，甚至製作過程、形式特徵等，有些人物在歷史上確有其人其事，一般把這類壁畫稱為佛教史跡故事畫。

關於佛教在中土傳播的早期歷史，文獻記載本身即頗多撲朔迷離之處。敦煌藏經洞發現的《漢法本內傳》等典籍，與第三二三窟描繪張騫通西域等壁畫多有相合之處，表明這種佛教歷史文獻不僅出之於寫經文書，而且已經圖畫為變相，圖、文互補，正可以彌補早期佛教史的某些缺憾。例如，漢武帝（畫題誤為中宗）遣張騫通西域壁畫。儘管有不少謬誤，但它說明：佛教通過西域傳入中國；張騫出使，溝通中西交通，為佛教東傳準備了條件；中國方面主動西行求法，迎來了西域高僧等諸多問題，帶給我們許多啟示。石佛、金像浮江，本屬無稽之談，但東晉揚都先是浮出金銅古育王像，後又得到育王像趺（佛座），二者「勘之宛然符合」，「孔穴懸同」，則反映了中國早期金銅佛像製作將像體與像座分別鑄造的特點。

這些史跡故事畫，地理範圍包括從吳郡到于闐，進而到五天竺（從獅子國到犍陀羅、尼婆羅）；歷史人物從釋迦牟尼到漢武帝、張騫、康僧會、孫皓、朱膺、高悝、佛圖澄、石虎、隋文帝、曇延、王玄策、劉薩訶、僧伽等多人。雖多屬傳說，但這些記載多少有史實作背景，若剔除其虛構成分，大多可追尋它們的出處。

至於有關僧伽、劉薩訶等聖僧的史跡畫，對研究中國佛教民族化的歷程，也能起到一定的幫助。

《五台山圖》在莫高窟有著特殊的地位。從吐蕃占據敦煌開始，莫高窟就有多幅這種佛教歷史地圖和寫經文書，其中尤以六十一窟五代《五台山圖》最為完整。它是中國現存最完備的佛教地誌和圖經，是描繪十世紀歷史的寶貴資料。

▼ 敦煌莫高窟白象入胎故事壁畫。

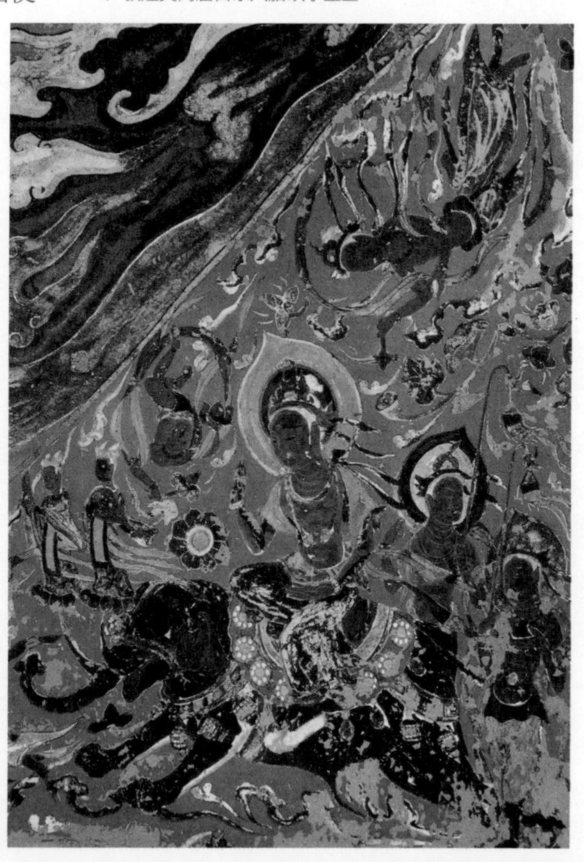

唐僧取經等西行求法事跡在石窟藝術中有哪些表現？

漢末以來，一批批古代高僧，肩負取經求法重任，長途跋涉，百折不回，往返於西天路上。 他們中幾位高僧西行求法的事跡，在石窟藝術中也得到了很好的反映。

杭州飛來峰龍泓洞，有一塊宋代高浮雕造像，該浮雕七身人物，分作三組：第一組三人，中有二位印度高僧，有頭光，上方題記為「攝摩騰」和「竺法蘭」。高僧左側有一從者牽白馬，整裝待發，上方題記作「蔥嶺」。第二組位於中間，浮雕三人牽二馬，一馬馱經，一馬背上馱負蓮座。上方題記為「朱八戒」、「從人」等。第三組浮雕一位中國高僧，雙手合十，有頭光，緩步前進，上方題記為「唐三藏玄奘法師」。

第一組浮雕，表現的是東漢明帝時，派遣郎中蔡愔、博士弟子秦景等人前往天竺，迎來天竺攝摩騰和竺法蘭兩位高僧，並用白馬馱回佛像（蓮座為代表）和佛經的故事。

第二組浮雕，應為表現三國魏甘露五年（二六〇年），中國第一位受戒僧人朱士行西渡流沙，往于闐國取經故事。題記中「朱八戒」三字係後人補刻。

第三組浮雕，為唐僧取經故事。玄奘三藏法師，即俗稱唐僧，本姓陳，名禕，洛州緱氏（今河南偃師緱氏鎮）人。貞觀元年（六二七年），他從長安出發，出敦煌，經今新疆及中亞等地，歷盡艱險，到達中印度，入當時印度佛教中心那爛陀寺學習佛經，一時稱譽天竺。貞觀十九年（六四五年）返抵長安，往返十七年，行程五萬里，攜回佛經六百多部，是中國古代譯經家中譯作最多的一位佛學大師。

玄奘取經一事，唐代已經流傳，後經歷代民間藝人的創作加工，摻入大量神話傳說，形成富有傳奇性的藝術作品。現存作品，以南宋刊印的《大唐三藏取經詩話》話本為最早。話本中的人物，除玄奘外，還有猴行者化身的白衣秀才和深沙神等人。元代有《西遊記平話》和吳昌齡的雜劇《唐三藏西天取經》，隨行者增加為孫行者、豬八戒和沙和尚三人。明代楊志和四十一本《西遊記》和吳承恩百回本《西遊記》，人物愈多。

基於唐玄奘取經史實而發展演義的唐僧取經故事作品和石窟中的雕刻、繪畫，時代愈晚，玄奘的隨從人物愈多，故事情節愈複雜。甘肅安西榆林窟，現存三處西夏時期的「唐僧取經圖」，也是只畫唐僧、孫行者和白馬，沒有豬八戒和沙和尚。這種有趣的現象，是研究《西遊記》這部文學名著時不可忽略的。

◀ 甘肅安西榆林窟第三窟玄奘西行求法壁畫，西夏時代作品。唐僧取經故事唐末已開始流傳，並附加上許多神話故事，如猴行者（孫悟空）等都已進入傳說，此壁畫即反映了它的流傳範圍之廣。

▼ 江蘇南京九華山三藏塔。

什麼是供養人像？著名的帝后禮佛圖有哪些？

供養人就是出錢建寺開窟、敬事「佛寶」的人。其中包括佛教出家的比丘、比丘尼以及各階級信仰佛教的男人（優婆塞）和女人（優婆夷）等，也叫做「功德主」。刻畫供養人形象的造像，叫供養人像。

按照佛教的說法，供養佛可以得到諸多好處。「自作供養者，得大果報。他作供養（施錢於貧苦，使他們供養如來及塔）者，得大大果報。自作、他作供養者，得最大大果報」（《法苑珠林》卷四一）。「若有眾生於佛滅後，造主形象。幡花眾香持用供養，是人來世必得念佛清淨三昧」，「除卻百億那由他恆河沙劫生死之罪」（《觀佛三昧海經》）。於是，人們競相造像，也就不難理解了。

出資造像的供養人，大致有四種：最高統治者皇帝、皇后；貴族和官僚；歷代高僧和一般僧尼；下層民眾。

由皇室開鑿大窟，是自北朝以來的時代風氣。先是有北涼統治者沮渠蒙遜在涼州南山興鑿涼州石窟（四一二~四二九年）。北魏文成帝和平初（四六〇年），在武州山為太祖以下五帝「鑿山石壁，開窟五所，鐫建佛像各一」，孝文帝時繼續開鑿，這就是著名的雲岡石窟。 北魏遷都洛陽後，宣武帝又仿照雲岡石窟的樣式，開鑿龍門賓陽王洞。唐高宗時，於龍門奉先寺鑿大盧舍那像

龕，「皇后武氏助脂粉錢二萬貫」，主像「高八十五尺」。河南鞏縣石窟，為北魏宣武帝、孝明帝時皇室開鑿。河北邯鄲北響堂山石窟，為北齊文宣帝高洋開鑿。太原天龍山童子寺、開化寺二大像，為北齊幼主高恆開鑿。因此，石窟中多鑿出帝后禮佛圖和帝王供養像。龍門賓陽中洞窟門內的帝后禮佛圖最為著名。門北為皇帝出行圖，刻出頭戴各種冠冕的孝文帝、太子、諸王、文武大臣和侍從像。門北為文昭皇太后出行圖，刻出皇后、昭儀、女官、命婦像。這兩幅大型精美異常的浮雕，可惜已被盜往國外。中國現存最完整的帝后禮佛浮雕，保存在鞏縣一、三、四窟窟門兩側，共十八幅，每窟六幅，上下排列。左側為皇帝禮佛，右側為皇后禮佛行列，都以僧尼為前導，隨侍供養人和侍從，構圖緊湊多變，人物顧盼傳神。

許多石窟由貴族、官僚所開鑿。雲岡九、十窟為北魏權臣、寵宦鉗耳慶時為孝文帝開鑿。龍門古陽洞有景明四年（五〇三年）比丘法生為北海王元詳造像龕。敦煌莫高窟有北魏宗室東陽王元榮、北周建平公於義所鑿大窟。 至於莫高窟壁畫中的于闐國王、公主像，以及「張議潮統軍圖」、「宋國夫人出行圖」壁畫，更是研究歷代社會歷史、衣冠服飾的重要資料。

石窟多與歷代高僧有不解之緣。許多石窟、佛寺由著名僧人主持興建，也留下了他們的供養像。例如，麥積山石窟由玄高主持開鑿，雲岡石窟由曇曜主持開鑿，大足寶頂南宋石窟由趙智鳳開鑿，南京南朝棲霞山石窟由明僧紹開鑿，浙江新昌南朝剡溪大佛由僧護、僧祐等開鑿，四川唐民代山大佛由海通開鑿。炳靈寺一六九窟中，有西秦高僧曇摩毗（即曇無毗）畫像，大足、安岳石窟有柳本尊、趙智鳳像，大住聖窟有僧稠像。

◀ 河南鞏縣石窟浮雕皇帝禮講經圖。
▼ 河南鞏縣石窟浮雕皇后禮佛圖。

佛教密宗主要供養哪些佛像？

密宗是印度密教傳到中國後形成的佛教宗派，以高度組織化的咒術、壇場（曼荼羅）、儀軌（供養、念誦佛像的儀式、準則等）和各種神格信仰為其特徵。毗盧遮那佛（大日如來）是密宗造像的最高尊神。

西元六、七世紀，佛教在印度進入衰頹期，印度教逐漸取得優勢。因而，佛教開始吸收印度教和民間信仰中禳災、祈福、崇祀眾神等世俗宗教觀念，逐步走向密教化。西元七、八世紀，密教在印度趨於極盛，成為印度佛教的主流。

唐玄宗開元年間（七一三～七一四年），天竺僧人善無畏、金剛智、不空等相繼來到長安，傳來印度正純密教並形成密宗，被稱為「開元三大士」。密宗在中國的傳承，相傳有兩部密法：善無畏以傳授胎藏界密法為主，金剛智、不空以傳授金剛界密法為主，叫做金、胎二界，其中以金剛界在中國傳播較廣。密宗傳入西藏後，與原有苯教相結合，形成藏傳佛教體系。

密宗的儀軌極為複雜，對設壇、供養、誦咒、灌頂（注水於頭頂的儀式，用

於授戒、傳法）皆有嚴格規定，主張修「三密」，即手結契印（身密）、口誦真言（語密）、心作觀想（意密）。三密相應，即可即身成佛。密宗兩界的根本經典，分別為胎藏界的《大毗盧遮那成佛變加持經》（即《大日經》）和金剛界的《金剛頂一切如來真實攝大乘現證大教王經》（即《金剛頂經》）。

中國的密宗造像，初唐時即已創作，如龍門擂鼓台北洞的毗盧佛（大日如來）像和莫高窟三二一、三三四窟的十一面觀世音像，西安寶慶寺十一面觀音石像等。盛唐密宗正式形成後，造像種類和數量逐漸增多。按密宗造像，胎藏界有佛、蓮花、金剛三部，金剛界加上寶、羯摩二部共為五部。其中，佛部以毗盧佛為部主，波羅密菩薩為眷屬。東方金剛部以阿閦佛為部主，文殊、普賢、觀音、地藏四菩薩為眷屬。南方寶部以寶生佛為部主，四大菩薩為眷屬。西方蓮花部以阿彌陀佛為部主，四大菩薩為眷屬。北方羯摩部以不空成就佛為部主，四大菩薩為眷屬。

密宗造像最高尊神是毗盧遮那佛（大日如來）。以毗盧佛為主造五佛像，為五方佛。此外還有藥師琉璃光佛、金輪熾盛光佛等。密宗菩薩像，多為多面多臂、手持各種法物的形象，其中以觀音的種種變化身為主，如大悲（千手千眼）、十一面、如意輪、不空羂索、數珠手、白衣、准提三十三觀音菩薩等。還有千臂千鉢文殊、地藏菩薩和八大菩薩之類。密宗特有的明王，據稱是佛、菩薩的忿怒相。明王一般是多面多臂、手持法物的忿怒相，有十大明王、八大明王之說。如有八大菩薩現八大明王像：金剛手菩薩現降三世明王，妙吉祥（文殊）菩薩現大威德明王，觀自在（觀音）菩薩現馬頭明王，虛空藏菩薩現大笑明王，慈氏（彌勒）菩薩現大輪明王，地藏菩薩現無能勝明王，除蓋障菩薩現不動明王，普賢菩薩現步擲明王。這些菩薩是毗盧佛的正法輪身，忿怒相明王是毗盧佛的教令輪身。也有非忿怒相的明王，如一面四臂騎孔雀的孔雀明王，是毗盧佛的等流身。密宗亦造天王像，特別是北方毗沙門天王像，還造地藏與十王變、地藏與六趣輪迴變、地獄變、訶利帝（鬼子母）、大黑天以及陀羅尼幢。

◀ 北京北海善因殿的大威德金剛，又稱「怖畏金剛」，俗稱「牛頭明王」，係無量壽佛的忿怒身，以其可怖可畏的相貌去教令法界，降伏妖魔。

▲ 佛教密宗度母像，由觀音的眼淚變化而成，此像具有典型的波羅時期（西元九世紀）密宗造像風格。

什麼是曼荼羅？

曼荼羅（Mandala）為梵語音譯，是密宗圖像之一，意為圓輪具足、聚集、壇城、輪壇等，是將密宗佛、菩薩尊像集中造出，以備修行時供奉。

曼荼羅形式或方或圓，中央畫本尊佛或菩薩，本尊的四方、四隅各畫一菩薩，是為中院。中院周圍畫一、二層菩薩或護法像，成為外院。創作曼荼羅，需嚴格遵照本尊經軌中所規定的儀則，如依據《大日經》所繪的胎藏界曼荼羅，據《金剛頂經》所繪的金剛界曼荼羅，一幅中層層描繪眾多佛菩薩，名為「普門（都會）曼荼羅」。以藥師、彌勒、觀世音、阿彌陀等為中心的較簡單的曼荼羅，名「別尊（一門）曼荼羅」。居庸關捲頂的元代石刻，就是尊勝佛頂曼荼羅。持誦大乘經典如《法華經》、《仁王般若經》等繪製的法華、仁王曼荼羅等，名為「經法曼荼羅」。描繪密宗法器、手印，名為「三昧耶曼荼羅」。

現存曼荼羅作品，較早的是唐代日本求法僧空海（弘法大師），於貞元年間（七八五～八〇五年）在長安請供奉丹青李真等繪製的《胎藏界大曼荼羅》和《金剛界曼荼羅》。前者所繪有十二院、十三院等，中台院及其上下的釋迦、文殊、虛空藏院等相當於佛部，觀音、地藏院相當於蓮花部，金剛手、除蓋障院相當於金剛部。後者所繪為九會曼荼羅，即以成身會（諸尊大曼荼羅）為中心，包括三昧耶會（描繪法物、手印）、羯摩會（描繪梵字真言）、大供養會（描繪諸尊威儀）、四印會、一印會、理趣會（描繪金剛薩埵）、降三世會（描繪降三世明王）、降三世三昧耶會。此外，北京昌平元至正五年（一三四五年）的居庸關雲台雕刻，西藏薩迦寺、白居寺的曼荼羅壁畫及北京、承德、西藏等地的曼荼羅唐卡、雕刻，安西榆林窟的西夏曼荼羅壁畫等，都十分珍貴。

◀ 北京故宮曼荼羅。

▶ 曼荼羅，也稱壇城，即將佛、菩薩像集中造出以備修行時供奉。

什麼是水陸畫？

水陸畫是舉行水陸法會時，殿堂上懸掛的宗教畫或佛寺、石窟中的壁畫和雕塑。水陸法會，全名是「法界聖凡水陸普渡大齋勝會」，略稱水陸法會或水陸道場。

水陸法會的緣起，一般傳說是梁武帝夢中得神僧啟示，醒後得寶志禪師指教，創作水陸儀軌，在金山寺最初舉行。宋代水陸法會開始盛行。

水陸法會是一種隆重盛大的佛事儀則，用以追薦、普度「法界聖凡」。現行水陸佛事分內外壇，以內壇為主，內壇依照水陸儀文行事，懸掛毗盧、釋迦、阿彌陀佛等像。外壇修「梁皇懺」、誦法華、淨土諸經，設「焰口施食」（焰口即面然，為一餓鬼名）等壇。法事以七晝夜為期。

水陸畫並無一定幅數，依法事規模而定，最多有二百幅，少則三十二幅或七十二幅。分上、下堂兩部分，上堂為佛、菩薩、緣覺、聲聞、祖師、明王、護法及印度古仙人、水陸撰作諸大士等像。下堂為天、人、阿修羅、餓鬼、地獄、畜生等六道像及山嶽江海諸神、儒士神仙、城隍土地、善惡諸神等像。可以說水陸畫是集儒、道、釋畫的大成而紛然雜陳的一種創作。

▼ 廣州光孝寺水陸法會儀式。

中國主要的水陸遺跡有哪些？

水陸法會是宋代興盛起來的一種佛教儀式，主要依據宋神宗時東川楊鍔所撰《水陸儀》。因此，現存的水陸遺跡以四川宋代石窟為較早。

重慶大足石篆山石窟，為北宋九僧之首希晝禪師的開山道場，也是一處較完整的水陸道場。石篆山石窟現存編號窟九個，有訶利帝母像、志公和尚像、文殊普賢像、孔子及十哲像、三身佛、老君像、地藏和十王像等，與碑記內容相符。其中，六窟雕三身佛，元祐題記中有「戊辰歲十月七日修水陸齋表慶訖」字句。七窟雕孔子及門人十哲像，題記中有「元祐戊辰歲孟冬七日修水陸慶贊訖」字句，明確記載這處石窟為修水陸齋會而建，其像設內容對研究宋代水陸畫頗有價值。

與水陸齋（法會）有關的另一類遺跡，是地藏與十王變、地藏與六趣輪迴變以及地獄變。石篆山石窟中有地藏與十王龕，北山石窟二百五十三龕，雕地藏與觀音像。莫高窟晚唐窟和四川資中石窟，已有地藏、十王像造出。資中西崖八十五龕，雕地藏與十王像。大足北山五代所鑿五十三窟，雕阿彌陀、觀音、地藏像。這是因為，地藏菩薩據稱可拔濟六道眾生，當時人們遇到「草亂」、「賦傷」等災害時，就「修水陸」，「作七齋」，以「表慶贊」。這類內容，在莫高窟和四川各地都有很多。

宋代以後的水陸遺跡，以山西、河北等地的寺院壁畫保存較多。山西稷山青龍寺腰殿壁畫，為元明重繪的水陸畫，繪有佛、菩薩、弟子以及道教南斗六星、五帝神眾、元君聖母，儒家往古為國捐軀將士、文武葉贊、孝子順孫、賢婦烈女眾等。山西右玉寶寧寺原有明代水陸畫一堂，絹製，供舉行水陸法會時懸掛用。河北石家莊毗盧寺正殿明代壁畫，四壁各分上下三排，繪天堂、地獄、佛、菩薩、城隍土地、帝王后妃、忠臣良將、賢婦烈女等佛、儒、道各種人物故事畫一百二十六組、五百零六人。山西平順明代金燈寺石窟，水陸殿四壁有水陸畫浮雕。

▼明代山西右玉寶寧寺水陸畫《往古九流百家諸士藝術眾》。

什麼是唐卡？

唐卡是流行在西藏的、畫在布上和絲織品上的宗教卷軸畫，通常掛在寺院內，也可以捲起來帶於身邊。唐卡最初是寫在織物上的文告，後來演變為宗教繪畫。

西藏薩迦南寺發現的西元十世紀的唐卡作品技法已很成熟，說明唐卡的形成最晚在五代（九〇七～九六〇年）之前。早期的唐卡幾乎全是正方形，後來一般是長方形。唐卡的大小懸殊很大，布達拉宮的大唐卡有五層樓高，一般是四、五尺，小的只有五寸。

唐卡的製作過程是：先把畫布用石灰水浸泡，作用是軟化布質。然後把布舖在光滑木板上，用石塊反覆磨壓，最後刷上水膠粉液。處理過的畫布，表面柔軟平滑且不露布孔，便於繪製精細的形象。

繪製分以下步驟：加布瑞（起稿）、寸嘎者巴（塗底色）、當結巴（分色暈染）、結界巴（勾線）、斯熱（描金）、西扎（整理）。繪製完成後，四邊縫上布邊（後來一般縫絲綢）。最後，為了防止油煙和灰塵的污染，在唐卡的上面加一層絲綢幔子。

繪製唐卡在民間有三個畫派，即嘎赤、門赤、慶赤。嘎赤派盛行於前後藏和四川西部，特點是色彩秀麗高雅；門赤派流行於日喀則和拉薩一帶，色彩艷麗活潑；慶赤派盛行於山南、拉薩和江孜等地，一般用色複雜，色調暗黑。

唐卡的題材很廣泛，常見的有以下幾類：一、畫傳，包括佛傳、祖師傳和大法師傳。如蓮花生祖師傳、薩迦法王八思巴

傳、黃教祖師宗喀巴傳等。二、肖像畫，有釋迦牟尼像、贊普（藏王）像、藏王后妃像、歷代法王像、達賴、班禪、活佛像等。三、偶像畫，有強巴佛、度母像、天王像、金剛像、天女像、各種密宗佛像和護法神等。四、史話，有文成公主進藏，達賴五世覲見順治皇帝等。五、民俗畫，有百戲、樂舞、祭祀、喪葬、射獵、比武等。六、建築畫，有大昭寺全圖、桑耶寺落成圖、修建薩迦寺圖等。七、宗教活動，有跳神、法會、說法、辯經等。八、器物類，有法器、佛具、樂器、武器、「八寶」、「七珍」等。九、動物畫。還有植物、山石等。

唐卡幾乎對社會上的百業人物和故事傳說都加以描繪，所以被稱為「歷史畫卷」。

◀ 藏族橫幅唐卡，中央上方繪釋迦牟尼，其餘按果位繪菩薩、法王。

▲ 勝樂金剛唐卡。藏傳佛教噶舉派多修勝樂金剛，像有紅、黃、白、藍四面臉，每臉三目，十二臂。

藏傳佛教藝術的主要特點和遺跡是什麼？

藏傳佛教藝術，包含內容至廣，舉凡佛學、因明、藝術、醫學、天文、建築、曆算、文學等領域，都留下了豐富的遺產，是一座尚待深入開掘的文化寶庫。久盛不衰的「藏學」熱，恰好可以說明藏族佛教藝術的重要價值。

藏傳佛教及其藝術是西藏化了的佛教和藝術。它是在西藏本土藝術的基礎上融入印度佛教藝術、漢族佛教藝術，創造出富於高原風采的佛教建築、雕塑、壁畫、唐卡（卷軸式繪畫）、酥油花等造型藝術，堪稱世界屋脊上獨樹一幟的宗教藝術。

藏傳佛教藝術中，首先值得稱道的是建築藝術。無論是達賴喇嘛居住的拉薩市布達拉宮、羅布林卡，班禪喇嘛居住的日喀則市扎什倫布寺，還是被稱為「拉薩三大寺」的哲蚌寺、色拉寺、甘丹寺以及山南的桑耶寺、後藏的薩迦寺，都以其氣勢磅礡的規模和獨特的建築結構，矗立在萬山環抱的西藏高原上。它們不僅在中國建築史上，甚至在世界建築史上都占有重要地位。呈現在人們面前的藏式宮殿和寺院建築，大都集藏族傳統的碉樓式總體布局、內地漢式梁架結構和印度尼泊爾式內外部裝飾特點於一體，表現出雄偉、堅固、富於裝飾趣味的特殊格調。

保存在西藏宮殿、佛寺的造像和繪畫作品，同樣具有引人注目的藝術魅力。其造像所用的材料，有木、瓦、泥、銅、銀、金等，包括浮雕、半浮雕和圓雕等多種形式。內容兼容顯、密兩宗佛像，多具藏傳佛教自身的一些特點，如觀音像作男身，羅漢為十六羅漢，多塑造「歡喜佛」雙身像等。藏傳佛教繪畫藝術（壁畫和唐卡），同樣具有鮮明的特點。它融合各種藝術流派、佛教宗派及地方風格，形成富於裝飾效果、色澤艷麗、意匠豐富的藏族繪畫格調。

元代以後，藏傳佛教藝術逐漸向外傳播，明、清時期更遍布中國各地。因而藏傳佛教藝術的遺存，已不僅限於西藏本地，還包括四川、甘肅、青海、內蒙等藏族聚居地區以及北京、承德、杭州、敦煌等漢文化傳統發達的地區。

▲ 大威德明王。密教有五大明王，大威德明王作青黑色，呈忿怒相，六面，六臂，六足，背負火焰，趺坐或足踏水牛。

▶ 藏傳佛教十一面觀音立像。藏傳佛教觀世音菩薩有四臂觀音、十一面觀音等多種變相。

石窟的用途是什麼？

石窟就是開鑿在河畔山崖上的佛教寺廟。印度在阿育王時期（西元前二七三～前二三二年）就已經開始了石窟的開鑿，現存最早的佛教石窟是巴拉巴爾石窟群。

大約西元三世紀中國開始了石窟的開鑿，現存最早的為克孜爾石窟。中國石窟的類型主要有僧房窟、塔廟窟、佛殿窟和大像窟等。

僧房窟是僧人居住、修禪和集會的地方，僧房窟中有一種是專為修禪的小窟，叫禪窟或羅漢窟；佛殿窟是僧徒拜佛的場所，一般在窟中雕出佛的形象或在窟中壁上開龕，內置塑像，像前留有空地；塔廟窟是在佛殿窟內豎立中心塔，又稱中心塔柱窟，塔內收藏佛舍利；大像窟是設置大型佛像的洞窟，也是僧徒禮佛的場所。

此外，石窟還兼有安置屍體的功能，如甘肅麥積山石窟、河北響堂山石窟、河南龍門石窟和寧夏須彌山石窟等，稱為「瘞窟」。至於石窟中鐫刻佛經，則始於北響堂山石窟，其後在許多石窟中被廣泛採用，如安陽寶山石窟、龍門石窟、安岳臥佛院摩崖石刻等。

▼龍門石窟奉先寺。

最早的石窟為何出現在新疆？

印度的佛教最早經由古代絲綢之路傳入中國，這種宗教思想在西元一世紀以後，隨著貴霜王國的駱駝商隊首先進入了西域地區。隨著佛教思想的傳入，貴霜王國的佛教藝術也進入了西域地區。

中國現存最早的石窟在古龜茲（今新疆庫車、拜城一帶）地區。克孜爾千佛洞開鑿於西元三世紀後期，是當時佛教盛行、佛教藝術發達的表現。一般認為，三世紀後期龜茲佛教已相當流行，《晉書‧四夷傳》稱「龜茲國有佛塔廟千所」，《出三藏記集》說「拘夷國（即龜茲）寺甚多，修飾至麗，王宮雕鏤，立佛形象，與寺無異」。在三世紀末四世紀初，非常有名的雀梨大寺寺址，曾經出土過一些塑像和壁畫。克孜爾石窟就是在這樣的社會條件下出現的。

開鑿石窟起源於印度，這種形式隨佛教思想和藝術進入了新疆。克孜爾早期洞窟繼承了印度石窟的形制，但因龜茲地區石質粗鬆，所以形制又有所改變。克孜爾石窟的早期塑像已不存，但留下了大量的壁畫，這些壁畫無論是構圖還是藝術手法，都顯出很多犍陀羅藝術的影響，有些還是波斯風格的。西元五、六世紀以後，因受中國藝術的影響，創造了融合東西藝術的新風格。

中國石窟分布有何特點？

中國石窟開鑿約始於西元三世紀，盛行於五至八世紀，到十六世紀基本結束。它們主要分布在新疆（古代西域）地區、甘肅西部（古代河西地區）、黃河流域和長江上游地區，另外在南方也有零星分布。

新疆地區是中國接受佛教比較早的地區，最早的石窟就出現在此地。新疆地區的石窟主要分布在天山以南自喀什向東的塔里木盆地北沿一線。比較集中的三個區域是：一、古龜茲地區，即今庫車、拜城一帶。開鑿時間約從西元三世紀至八世紀。這裡有中國最早的石窟——拜城克孜爾石窟，還有庫車境內的庫木吐喇石窟、克孜爾朵哈石窟和森木塞姆石窟。二、古焉耆區，即今焉耆回族自治縣一帶。主要有七格星石窟，開鑿時間在五世紀之後。三、古高昌地區，在今吐魯番附近。主要有吐峪溝石窟和柏孜克里克石窟。開鑿時間從五世紀一直到十三世紀。

甘肅西部有著名的敦煌莫高窟，它的開鑿時間從五世紀延續到十四世紀。莫高窟是中國規模最大、持續時間最長的石窟。這個地區還有武威天梯山石窟、酒泉文殊山石窟、肅南金塔寺石窟、安西榆林窟和玉門昌馬石窟。

黃河流域地區是中國石窟數量最多的地區，主要有以下區域：一、甘肅東部地區。有永靖炳靈寺石窟、天水麥積山石窟、慶陽南北石窟寺，還有寧夏南部固原縣須彌山石窟。這些石窟大部分始鑿於五至六世紀。二、陝西地區。這個地區是北方晚期石窟比較集中的地區。比較早期的有七世紀開鑿的彬縣大佛寺石窟、耀縣藥王洞石窟和八世紀的富縣石泓寺石窟。晚期（十一至十二世紀）開鑿的有黃陵萬佛寺石窟、鄜縣閣子頭寺石窟、延安萬佛洞石窟和志丹城台石窟。三、黃河中、下游地區，包括山西、河南、河北、山東。這一地區從北魏起承襲關係清楚，時代特徵明顯，而且造像數量大，充分顯示了佛教藝術逐步中國化的具體進程，在中國石窟發展史上占有重要位置。開鑿於北魏時期的有山西大同雲岡石窟、河南洛陽龍門石窟、鞏縣石窟、澠池鴻慶寺石窟、山東濟南黃花岩石窟；開鑿於東魏時期的有山西太原天龍山石窟、河南安陽寶山石窟；開鑿於北齊的有河北邯鄲響堂山石窟、河南安陽小南海石窟；隋代開鑿的有山東濟南千佛山石窟、益都雲門山石窟和駝山石窟；唐代開鑿的有河北隆堯宣霧山石窟、河南浚縣千佛洞石窟；另外還有明代開鑿的山西平順寶巖寺石窟。

在北方地區還有北魏時期開鑿的遼寧義縣萬佛堂石窟和遼代開鑿的內蒙古巴林左旗洞山石窟、前後昭廟石窟等。

新疆地區、甘肅西部和東部地區石窟內大部分是泥質塑像和壁畫，其他北方地

◀甘肅天水麥積山石窟。

▲ 新疆克孜爾石窟佛本生故事壁畫，原為樂天窟天井壁畫的一部分，表現釋迦為救孩子不惜犧牲自己生命的故事。此圖於一九一三年至一九一四年間被德國勒考克探險隊剝走。

區石窟內多是雕刻（包括圓雕和浮雕）。

南北朝時期，南方和北方對佛教有不同的側重，北方偏重於宗教修行，流行修禪觀像，所以石窟開鑿數量很大；南方偏重於佛教義理的爭辯，石窟開鑿很少。現在存留下來的南朝石窟僅有南京的棲霞山石窟和剡縣（今浙江新昌縣）石窟。

南方的石窟到唐代才開始多起來，唐代以後的石窟更是以南方為多。這是因為唐代末年發生了「會昌法難」，中原地區佛教受到很大打擊，並且此時流行的禪宗不重視開窟造像。石窟開鑿的重點轉移到受影響較小的邊陲地區，如四川、江南和西北等地。

四川地區是南方石窟最集中的地區。其中主要有廣元皇澤寺石窟和千佛崖石窟、大足北山石窟、寶頂山石窟和石篆山石窟、巴中石窟和安岳石窟等。此處石窟的開鑿一般延續到明代。從五代以後，石窟中的造像以密宗題材為多。

南方的石窟在其他地區也有零散分布。重要石窟有雲南大理劍川石窟，開鑿

於相當於晚唐時期的南詔、大理國，地方特點明顯；浙江杭州飛來峰石窟，其中以元代造像為多；廣西桂林北山石窟等。

通過以上介紹，我們可以看出過去的「中國三大石窟」（即敦煌、雲岡和龍門）提法是很不完全的。這種說法的提出，是因為過去對全國石窟的調查和研究工作不夠，有些重要石窟當時或者還沒有發現，或者對已發現的一些石窟的重要性認識不深入。

對於北魏和唐代這兩個開窟造像的高潮來說，敦煌、雲岡和龍門毫無疑問是有代表性的。但對於這兩個高潮的瞭解，不熟悉炳靈寺石窟、麥積山石窟、鞏縣石窟、劍川石窟和四川早期石窟等也是很不全面的。

中國的重要石窟各具時代特點，新疆石窟代表著早期石窟的風貌；響堂山石窟和山東隋代石窟表現了從北魏到唐代風格的過渡；對唐代以後石窟的瞭解，更要借助於四川石窟、延安石窟和飛來峰等石窟。

◀ 新疆克孜爾石窟第十七窟窟頂壁畫（局部），繪有佛本生故事畫三十八種。

▲ 安西榆林窟二十五窟舞樂團壁畫。

絲綢之路和石窟興盛有何關係？

中國早期重要石窟皆建造在絲綢之路古道上，如龜茲石窟、涼州石窟和敦煌石窟等。絲綢之路是一條貿易通道，促進了中國和西域的經濟交流。伴隨著經濟貿易的繁榮，東西方之間的文化交流日益興盛，佛教藝術傳入中國。

我們先以克孜爾石窟和敦煌石窟為例說明石窟的發展與絲綢之路的關係。克孜爾石窟是中國現存時代最早的石窟，開鑿於西元三世紀末或四世紀初。克孜爾石窟所在的古龜茲地區經濟文化都非常發達，是絲綢之路北道上的要衝，西域同中國之間的來往多經過龜茲，「馳命走驛，不絕於時月；商胡販客，日款於塞下」。西元一世紀佛教傳入中國西域地區，龜茲受其影響。西元三、四世紀，龜茲地區佛教盛行，克孜爾石窟於此時開鑿。早期的洞窟深受印度石窟影響，壁畫在表現手法上，顯現出很多印度和波斯的藝術風格。此後，開石窟造佛像隨絲綢之路繼續東傳。

敦煌是古代絲綢之路上的重鎮，位於河西走廊最西端，是中國進入西域地區的出口；敦煌還是絲路南北道的匯合點，所以又是西域進入中國的入口。這樣的地理位置決定了敦煌在中西經濟、文化交流之間的重要地位。早在莫高窟創建之前，

佛教就隨著進行貿易的商隊傳到了敦煌。絲綢之路直到明代海上航運繁榮之前，一直是中西貿易的主要路線。敦煌的政治、經濟重要性歷久不衰，莫高窟得以持續發展，其延續時間之長為全國石窟之首。

信仰佛教和開石窟造佛像，是人們追求幸福平安的一種表現。生活在生死叵測中的人，這種宗教情感更是強烈。從敦煌西行就是茫茫荒漠，進入其間死亡隨時都會來臨。很多旅人懷著對大自然的恐懼，離開敦煌前向石窟寺布施，祈求佛的保佑，以增強自己的勇氣和信心。從荒漠中歸來的人，為了感謝佛的恩賜，也到石窟寺禮佛造像。這些行旅之人，數量最大的是進行貿易的商隊，他們雄厚的經濟實力擴大了莫高窟的開窟規模。

莫高窟的藝術風格是與其聯接東西的地理位置相吻合的。早期明顯受到西域風格的影響，並把這種風格傳向內地；同時又深受中原藝術風格的影響，逐漸形成自己獨特的風格，並沿絲綢之路傳播到西域地區。

◀ 敦煌莫高窟二九六窟壁畫北周商旅圖，畫面生動地反映了六世紀商旅古道東西交往的風貌。

▲ 敦煌西千佛洞壁畫。西千佛洞壁畫與莫高窟壁畫風格相似，是敦煌藝術的重要組成部分。

什麼是龜茲佛教藝術？

龜茲在今新疆庫車、拜城一帶，北倚天山，南對崑崙，西通疏勒，東接焉耆，是絲綢北道的要衝。佛教沿絲綢之路傳播，首先進入新疆地區，南道以于闐為中心，北道以龜茲為中心。龜茲以流行小乘佛教為主。

《晉書・四夷傳》記載：「龜茲國西去洛陽八千二百八十里。俗有城郭，其城三重，中有佛塔廟千所。」在庫車附近，曾發現「佛塔廟千所」的部分遺跡，其中最著名的是雀離大寺和阿奢理貳伽藍。

雀離大寺遺址在皮朗古城北約十三公里的銅廠河兩岸。遺址東西對峙，塔廟林立。外國人曾從這些塔廟遺址中攫去西元四至五世紀的塑像和壁畫，以及六至七世紀的舍利盒。塑像技法簡明，以筋肉描寫為特色，保持了某些犍陀羅風格。壁畫接近克孜爾中期風格。舍利盒表面施彩繪，一件被日本人盜走的盒最為精美。該盒蓋上繪執樂器有翼童子四人，童子外繞連珠圈，圈間繪對鳥圖案，盒身四周繪戎裝舞人七個。聯珠玟和對鳥圖案均受薩珊藝術影響。

阿奢理貳伽藍遺址在庫車西約二十公里的渭干河西岸。遺址外繞土城，城東、西各存一座高塔。寺址中發現許多塑像和

壁畫，其中一軀菩薩塑像具有波斯風格。該寺在唐代仍很繁榮，玄奘曾居於此。龜茲地區石窟約占新疆石窟總數的五分之三強，主要有克孜爾石窟、庫木吐喇石窟、克孜爾朵哈石窟和森木塞姆等石窟。

克孜爾石窟，現有二百三十六個洞窟，其中七四個較完整，保存壁畫較多。石窟開鑿於西元三世紀末至四世紀初，形制以中心塔柱窟為主，壁畫題材以表現小乘信仰的本生、佛傳為主。五世紀初至六世紀初洞窟數量大增，規模擴大，內容豐富，壁畫風格有明顯的地區特色，是克孜爾石窟的極盛時期。七至八世紀逐漸走向衰落，規模變小，內容簡化。壁畫中出現大乘佛教題材。

庫木吐喇石窟現存窟龕一百一十二個，是龜茲地區僅次於克孜爾石窟的大型石窟群。石窟開鑿於五世紀初，一直至七世紀，整個面貌與克孜爾同期洞窟很接近，有顯著的龜茲特點。八至九世紀，除一部分洞窟仍延續龜茲風格外，出現了受中原地區佛教藝術影響的新題材和新風格，還有些洞窟兩種風格並存。十至十一世紀進入衰落階段。

森木塞姆石窟是古龜茲東部最大的一處石窟群，現存洞窟五十二個，完整者十九窟。石窟始鑿於四世紀，略晚於克孜爾石窟。洞窟的開鑿終於隋唐時期，該石窟以佛殿窟為主。早期壁畫和塑像具龜茲當地風格，以小乘題材為主，後期洞窟的風格受中原地區影響。

◀ 新疆克孜爾石窟二〇五窟爭分舍利圖，描繪佛陀信眾爭分佛舍利以回去供養的情景。此圖具有明顯的龜茲佛教藝術風格。

▲ 新疆庫木吐喇石窟四十五窟散花飛天壁畫。

為什麼把克孜爾石窟叫做「戈壁明珠」？

克孜爾石窟，位於新疆拜城縣克孜爾鎮東南約十公里的戈壁懸崖上。現已編號的洞窟有二百三十六個，其中洞窟形制較完整、壁畫遺存較多者占三分之一。此石窟是古龜茲境內現存規模最大的石窟群，是龜茲佛教藝術的典型代表。

克孜爾石窟始鑿於西元三世紀末至四世紀初。早期的洞窟形制以中心塔柱窟為主，此種窟平面為長方形，縱捲頂，有前後室，在後室後部設中心塔柱。塔柱正面一大龕，內置坐佛，龕左、後、右繞以甬道，後甬道的後壁前設石台，置涅槃像。中心柱窟的壁畫數量多，保存也較好。一般主室捲頂中央繪日天、月天和立佛等，兩側壁為數列菱形山巒圖案，內繪本生故事或因緣故事畫。主室左右兩側壁繪因緣佛傳故事，表現釋迦的教化事跡。後甬道後壁或前壁，繪涅槃像或焚棺圖。早期還有少量大像窟，主室寬大，正壁塑高數公尺或十餘公尺的立佛像，像前接木結構窟簷建築。主室正壁左右下方有甬道進入後室，後室後壁下方鑿台置涅槃像。克孜爾早期洞窟流行小乘佛教題材，是和當時龜茲地區盛行小乘佛教的情況相吻合的。

從五世紀初至六世紀，克孜爾石窟進入極盛時期，洞窟數量增加，規模宏大。這一階段新出現了方形窟，各類洞窟成組合形式排列。壁畫主要集中於中心柱窟，

出現了很多新題材。捲頂中央天相圖趨於簡化，新出現須摩提女因緣故事畫。捲頂側壁主要繪菱格因緣故事。主室前壁窟門上部，出現降魔和初轉法輪等佛傳題材。後室和左右甬道側壁，出現新題材和新布局，內容顯著增加，如佛從三道寶階降世間、第一次結集和八王分舍利等。立佛像成為主要題材。新題材中千佛形象的出現和本生題材的減少，說明大乘佛教已進入龜茲地區。極盛期的克孜爾石窟，其藝術風格有極鮮明的民族和地區特色，人物圓臉、小眼，五官集中於面部中央，這種造型對敦煌曾產生過很大影響。多種多樣的菱形畫格，富於裝飾性的大色塊對比，都是龜茲佛教藝術的特點。克孜爾石窟在西元七至八世紀，逐漸走向了衰落。洞窟規模縮小，形制和繪塑內容簡化，千佛和坐佛成為主要壁畫題材。新題材的出現說明大乘佛教對龜茲佛教藝術的影響逐漸加深。

◀ 新疆克孜爾石窟二〇五窟焚化遺體壁畫，描繪佛陀涅槃後，遺體被裝入棺木火化的情景。

▲ 新疆克孜爾石窟三十八窟天相圖，採用菱形塊區方式表現各種佛或菩薩的故事。

什麼是高昌佛教藝術？

古代高昌就是今天新疆吐魯番地區，是新疆與內地交往的重要門戶，同時也是漢文化與西域文化的交錯點。這裡佛教盛行，城中寺院隨處可見，中原地區的佛教藝術在此有很大影響。

高昌地區現存主要的佛教遺跡有吐峪溝石窟、柏孜克里克石窟、雅爾湖石窟和勝金口石窟等。

吐峪溝石窟在鄯善縣西南，是吐魯番地區開鑿年代較早的石窟。該石窟始鑿於西元五世紀，一直延續到回鶻高昌時期（西元九至十四世紀）。大部分洞窟已坍毀，僅八個窟尚殘存部分壁畫。

吐峪溝東南區第四窟，是開鑿年代較早、保存較好的一個窟。該窟為前、後室方形窟，窟正中設方壇。窟頂繪蓮花、立佛、坐佛、供養天人等，正壁和左、右壁中上部繪千佛，下部繪一周橫幅排列的本生故事畫，每幅附漢文隸書榜題。本生畫內容有「梵志燒身」、「屍毗王割肉貿鴿」、「慈力王施血」等。壁畫題材和畫風接近龜茲壁畫，而橫幅排列和漢文榜題顯然受中原影響，兩種藝術風格在此交匯。

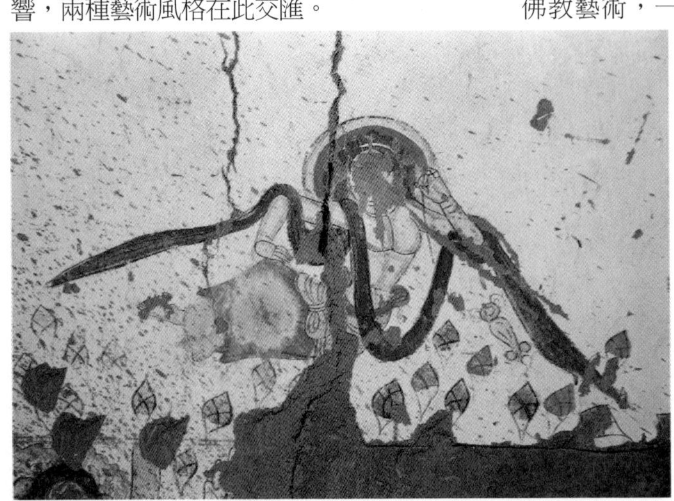

柏孜克里克石窟在吐魯番縣城東北約五十公里處。石窟始鑿於九世紀以後，迄於十三世紀。共編號五十七窟，是古代高昌地區保存最好、內容最豐富的一處石窟。

此石窟洞窟構築特殊，有些窟採取開鑿石崖與土坯砌建並用的形式。窟內原有塑像和壁畫遭嚴重破壞，現僅存部分壁畫，內容仍很豐富。題材有以立佛為中心的供養圖、橫幅連環畫式佛經故事畫和經變畫等。經變畫包括西方淨土變、藥師變以及《法華經》諸品的經變畫。壁畫上佛像、僧侶和供養人像旁，大多用漢文和回鶻文雙行並書榜題。壁畫繪製以線描為主，輪廓線用墨線勾出，面部和肢體加以渲染。色調以紅為主，畫面艷麗。

以柏孜克里克石窟為代表的回鶻高昌佛教藝術，一方面受到龜茲、于闐佛教藝術的某些影響，同時又與敦煌石窟晚唐至宋的壁畫有一些相同點，反映了它在佛教藝術傳播的路線上起著相當重要的作用。

◀ 新疆吐峪溝石窟飛天壁畫，圖中飛天姿勢甚為奇異，上半身為飛天造型，下半身卻是坐姿形態。

▶ 新疆柏孜克里克石窟供養禮佛圖，高大的佛陀畫像居中而立，供養人則分別跪奉兩側。

玉門關內外的佛教藝術有何不同？

在中國廣袤的土地和悠久的歷史上，玉門關和陽關曾是劃分古代西域和內地的重要分界線。敦煌扼居玉門、陽關兩座關隘，西通蔥嶺，東接走廊，是古代中西交通的重要吐納口，也是東西方兩種文化藝術必經的交匯折衝之地。

隨著商隊、使節的進出玉門關、陽關，佛教及其藝術也隨之傳入內地。在古代異常艱險的交通條件下，對當時的旅行者（包括佛教徒）來說，「西出陽關」意味著生離死別，「生還玉門」則象徵著重歸故土。因此，玉門關內外的佛教藝術，也就必然存在著差異和不同。

為了說明問題，我們試以敦煌莫高窟早期藝術為例，加以分析。敦煌莫高窟早期藝術，可以劃分為兩大階段，呈現出兩種迥然不同的藝術風格，這就是十六國（北涼）及北魏前期的西域式風格和北魏晚期、西魏、北周時期的中原內地風格。

敦煌莫高窟十六國及北魏前期的洞窟，內容簡單，主要為常見於龜茲石窟的本生、因緣故事和彌勒像。人物造型樸

拙，比例適度，面相豐圓，肢體肥壯，神態莊靜恬淡，亦與龜茲壁畫無異。菩薩一般戴寶冠，裸上身，帔巾長裙，衣冠服飾還保留著西域和印度的風尚。繪畫技巧採用表現人物立體感的凹凸暈染明暗畫法和土紅色烘襯出的溫暖沉厚色調。這種西域式風格，明顯地受到了以克孜爾石窟為主體的龜茲佛教藝術的影響。然而，敦煌畢竟已是玉門關內重鎮，所以流行於西域的豐乳細腰大臀的裸體菩薩、伎樂和飛天，在敦煌壁畫中已不存在。這是適應儒家審美觀的中國化的表現。

北魏晚期以後的敦煌莫高窟，出現了面貌清瘦，褒衣博帶、眉目開朗、風神飄逸的新形象，風格為「秀骨清像」所統一。從題材內容、主題思想到藝術風格，都受到內地的影響。特別是，諸如東王公、西王母和伏羲女媧這類民族傳統神話題材，也堂而皇之地進入了石窟佛殿。土生土長的題材與佛教故事畫繪於一室，形成了「中西合璧」的畫面。

玉門關以內，是中國傳統文化藝術孳乳繁育之地。作為外來的宗教藝術，進入這樣的地區，不能不在題材內容和藝術造型等許多方面受到當地思想文化的熏陶和改造，以適應漢民族的風土人情，否則便不能扎根生長。玉門關內外佛教藝術的這種不同，反映了中國民族由接受佛教藝術而改造消化，進而逐漸擺脫的歷史進程。

◀ 敦煌莫高窟二五七窟窟壁一景，壁畫具有明顯的印度風格，然而最下方小供養人像，又是中土人士裝扮，體現了當時佛教中西文化的交融。

▲ 玉門關殘跡。玉門關是絲綢古道西出敦煌進入西域北道和中道的必經關口，也是佛教傳入中國的途經之地。

為什麼敦煌莫高窟由東來的和尚樂傳和法良首先開鑿？

關於敦煌莫高窟的開鑿歷史，據《李君莫高窟佛龕碑》和《莫高窟記》，前秦建元二年（三三六年），有禪僧樂僔和法良，一個「西遊至此」，一個「從東屆此」，在莫高窟營建石窟。他們都是從東邊來的和尚，創建了莫高窟。

這是一個有趣的現象，它對研究佛教藝術在中國的傳播路線以及如何看待中國各石窟的相互關係問題，至關重要。過去有一種「佛教藝術西來說」，認為佛教藝術先由中國西部傳到敦煌，經過消化，再從這個「轉運站」傳到麥積山等處，然後再輸送到中原，由西向東依次傳遞，到達雲岡、龍門、鞏縣乃至響堂山、天龍山等石窟。按照這一傳播路線圖，在地理上處於西方的石窟佛寺，似乎一定比東方的早。例如，敦煌莫高窟的開鑿要早於其東方的涼州石窟乃至雲岡石窟，並對東方石窟產生影響。而實際上，莫高窟是由東來的兩位僧人開鑿的，其現存北朝第一期洞窟與涼州等地西元五世紀初至五世紀中葉的石窟雕塑、壁畫，具有許多相似之處，表明它們在時代上應大致相同。莫高窟開創階段所受到的東方影響，首先來自北涼的佛教藝術。敦煌早期北魏洞窟，還受到當時政治、經濟、文化中心首都平城、洛陽的影響。

這是因為，佛教藝術的發展，是受當時社會政治、經濟、文化的發展狀況制約的。作為全國中心的首都地區和政治分裂時期各割據政權中心地區的佛教藝術，因其深厚的文化藝術傳統和有力量集中四方的名僧巧匠，常常可以創作出一種新型的造型藝術，處於其他地區學習榜樣的地位。佛教藝術由新疆向東傳播，首及河西地區。河西的政治、經濟、文化中心，魏晉以來即在武威，即涼州。北涼素重佛法，沮渠蒙遜時期涼州佛教藝術臻於盛期。北魏太延五年（四三九年），太武帝滅北涼，「涼州平，沙門佛事皆俱東，像教彌增」，佛教及佛教藝術的中心轉移到北魏首都平城（今山西大同市）。因此，莫高窟先後受到涼州、平城佛教藝術的影響，自在情理之中。

這就表明，我們研究佛教藝術的傳播和發展歷史，不能簡單地用地理概念來說明各地之間的相互關係。總的來說，佛教藝術的傳播發展，是自西而東進行的，但我們還需按照一定的具體歷史情況作出具體的科學分析，不可忽視中心地區造像中心的影響。

◀ 敦煌莫高窟的標誌性建築九層樓。

▲ 敦煌莫高窟四〇九窟壁畫回鶻王子供養像，是回鶻王子出行前的禮佛圖。

什麼是石窟藝術的「涼州模式」？涼州石窟的遺存指什麼？

涼州（今甘肅武威）是十六國時期一大佛教勝地。《魏書・釋老志》稱「涼州自張軌以來，世信佛教」。涼州模式是在新疆佛教藝術的基礎上加以創新的一種石窟模式。

西元四世紀中葉，前涼統治者張天錫在東宛置銅佛像，後又招攬月支、龜茲人組織譯場，並親自參加譯經工作。名僧道安《綜理眾經目錄・涼土譯經錄》中，收有涼州譯經五十九部、七十九卷，稱其譯經「寢逸涼土」，可知涼州譯事之盛。四世紀末，中國四大譯經家之一龜茲高僧鳩摩羅什居涼州達十七年。涼州佛教淵源久遠，至沮渠蒙遜於三九七年統治涼州後，達到極盛。沮渠氏一門篤信佛教，史載蒙遜「素奉大法，志在弘通」。他曾為母造丈六石像，可能即州南百里的「涼州石崖瑞像」，即涼州石窟。蒙遜子茂虔任酒泉太守時，曾在酒泉「起浮圖於中街」。

涼州系統的窟龕造像，大多來源於新疆地區。涼州節制西域由來已久，前秦呂光攻占龜茲後，龜茲與涼州往來日多。涼州佛教也和于闐關係密切。龜茲、于闐為西域的佛教重鎮，龜茲盛小乘，多鑿石窟；于闐習大乘，盛建佛寺。石窟藝術中的大型佛像、方形塔廟窟、上下分欄的壁畫布局，上層交腳彌勒、下層坐佛龕的做法、主佛列像以及小乘題材的釋迦、交腳彌勒、思惟菩薩，大乘題材的千佛等形象，都來自這兩個地區。因此，龜茲、于闐系統的佛教及其藝術，於新疆以東首先融匯於涼州地區，形成中國新疆以東現存最早的石窟模式——涼州模式。

涼州佛教藝術的特徵是：較多開鑿方形或長方形的塔廟窟，窟內有每層上寬下窄的中心塔柱，有的塔廟窟設前室。同時開鑿設置大像的佛殿窟；主要佛像有釋迦、交腳彌勒菩薩、思惟菩薩、十方佛和阿彌陀三尊等；壁畫主要畫千佛、說法圖和供養人行列；佛和菩薩面相渾圓，細長眼，深目高鼻，身軀健壯。飛天形體較大。邊飾花紋為二方連續的化生忍冬。

現存的涼州石窟遺跡，包括早晚兩個階段。早期有武威天梯山下層第一、四窟，酒泉、敦煌、吐魯番等地出土的北涼石塔和炳靈寺西秦建弘元年（四二〇年）一六九窟中的第一期龕像。主要佛像有釋迦坐、立像，二立佛和三立佛，無量壽佛、十方佛、彌勒菩薩，較晚時出現維摩、文殊對坐像，釋迦、多寶佛並坐像。晚期遺跡有肅南金塔寺、酒泉文殊山千佛洞和炳靈寺一六九窟第二期龕像，主要造像有七佛、交腳彌勒菩薩夾脅一菩薩一力士像等。

▶甘肅炳靈寺石窟大佛像。

中國北方石窟為何多與禪僧有關？

禪是梵語的音譯，意為「思惟修」、「靜慮」、「棄惡」等。禪又稱「空」，或合稱禪定，是佛教「三學」（戒、定、慧等三種修持學業）、「六度」（六種修行方法）之一，即擯除雜念，專心致志，達到最終解脫的涅槃境界。

印度和新疆石窟、佛寺的一個顯著特點，就是多僧房（毗訶羅窟）和禪窟。克孜爾等石窟壁畫中繪有許多禪僧修法的形象。佛教傳入玉門關內後，魏晉南北朝以來，中國的佛教發展，形成了南統與北統之分，南朝偏重佛教哲理爭辯（義理），多建佛寺；北朝偏重宗教修行（禪定），多鑿石窟。因此，作為新疆以東現存最早的石窟遺存——涼州石窟，就是開鑿石窟與重禪並舉的突出例證。這一特點曾給北朝石窟的發展以重大影響，直接影響著北朝佛教的性質。

北朝禪法的兩個主要特點，一是滅欲修心，達到厭惡人生、徹悟涅槃的目的，叫「不淨觀」。一是在入定時見諸佛國土，或可斷諸疑慮，或可生入佛國，叫「念佛禪」。這兩方面都要求修禪時滅絕一切塵世雜念，思想高度集中。這就需要選擇僻靜之地，例如山林靜處、水邊崖際。坐禪不僅要山居穴棲，還應進而鑿窟以居禪。佛經中關於這方面的記載，屢見不鮮。高允《鹿苑賦》中所說「鑿仙窟以居禪，闢重階以通術」，就是這個意思。禪經中記載，修禪需先觀像，中國北方石窟中的主要題材內容，無不與禪觀相連。這一時期大量修造石窟，除了進行禮拜、供養等宗教儀式以修功德外，修禪也是開鑿石窟的重要目的之一，鑿窟人往往就是禪僧。

開鑿石窟和重禪，是北朝佛教信仰上同時存在的兩個特點，北方一些著名石窟也多與禪僧有關。北涼佛教重禪定，多禪僧，從此南北習禪者多受北涼影響。例如，中國石窟中現存紀年題記最早的炳靈寺一六九窟，供養人中有「大禪師曇摩毗（曇無毗）之像」，他是外國禪師在涼土「領徒立眾，訓以禪道」的高僧。另一個叫玄紹的和尚，後入唐述山（炳靈寺）禪蛻而逝。可見西秦時炳靈寺是禪僧修行之地。麥積山石窟是涼州大禪師玄高修行的所在，曾率「山學百餘人」在那裡修禪。

玄高後遊涼州，又到平城，為北魏太子拓跋晃教師。主持開鑿雲岡石窟的曇曜，也是以「禪業見稱」的涼州高僧。曇曜之前的北魏沙門統（佛教領袖）師賢，來自涼州。創鑿敦煌莫高窟的樂僔和法良，是東方來的兩位禪僧。這種禪僧鑿窟或禪僧與石窟關係密切的情況，終北朝而不衰。如北響堂山石窟，史載北齊文宣帝高洋因「於此山腹見數百聖僧行道，遂開三石室，刻諸尊像」，南響堂和小響堂石窟都有「昭玄統定禪師」造像、供養像題記。北齊天龍山大佛為宏禮禪師開鑿，寶山東魏大留聖窟為曾於少林寺學禪的道憑開鑿，小南海北齊石窟為著名禪師僧稠開鑿，很可能就是他的禪窟。僧稠禪法對後世影響很大，高洋曾下敕為他修建雲門寺「請居之，兼石窟大寺主」，可見禪僧與石窟的關係是十分密切的。

◀雲岡石窟的浮雕飛天，造型古樸厚重，生動活潑。
▲山西太原天龍山天龍寺的如來佛像。

中國佛教史上的廢佛事件怎樣影響到石窟造像？

中國佛教史上，曾發生四次由封建帝王發動的自上而下的大規模廢佛事件，這就是所謂「三武一宗廢佛」，這些事件不可避免地影響到石窟的造像。

「三武一宗廢佛」事件的近因是佛、道二教的矛盾和鬥爭趨於激化，帝王由支持佛教轉而抑佛重道的結果。但更深刻的政治和經濟上的原因，則是由於寺僧日多，寺院經濟惡性膨脹，國家賦稅收入驟減。加以僧伽腐敗，不事生產，蠹耗天下，這都對封建統治秩序和封建經濟發展形成直接的威脅。四次廢佛事件是：北魏太武帝太平真君七年（四四六年）、北周武帝建德三年（五七四年）、唐武宗會昌五年（八四五年）、後周世宗顯德二年（九五五年）廢佛。

這是全國性的大廢佛事件，還有若干地方性的類似事件發生。廢佛事件包括詔令僧尼還俗和毀壞佛寺經像兩個主要部分，當然會對佛教造像產生影響。例如，太武帝廢佛時，部分僧尼被殺，魏境內寺宇多被焚毀。北周武帝廢佛，北方寺像幾乎掃地悉盡。唐武帝廢佛，全國共拆佛寺四千六百餘所，還俗僧尼二十六萬人。後周世宗廢佛，廢寺三千三百三十六所，民間銅佛像用以鑄錢。中國歷史上多少佛寺造像在廢佛中毀於一旦，是民族文化遺產的重大損失。河北曲陽修德寺、四川成都萬佛寺、山西沁縣南涅水和山東博興、陝西臨潼等地出土的精美銅、石造像，就是

在廢佛事件中佛教徒有意窖藏的劫餘珍寶。

作為當時上層建築之一的佛教及其藝術，從根本上說是為統治階級政治利益服務的。有時是限制其過分發展，但更多的還是利用。所以，四次廢佛事件中，除會昌、顯德二次事件後佛教勢力衰竭，佛教造像中心轉向南方外，都是在事件後不久又恢復佛法，佛教造像以更猛烈的趨勢發展起來。例如，太武帝滅佛前，北魏造像的規模還不大，文成帝即位後詔復佛法，即由曇曜主持開鑿著名的雲岡石窟。此後，由國家經營的大石窟，如龍門、鞏縣、響堂等，相繼開鑿。開鑿這些大石窟，除宗教活動的需要、禪法的流行等原因外，還因為石窟堅固，不易毀壞。北方大石窟的背後，都寓有護國護教、傳世永久之義。

北魏太武帝廢佛前的十六國時期，已有數例毀滅佛教之事發生。大夏赫連勃勃（四〇七～四一九年）攻破長安後曾殺僧破寺。這類事件的影響，在沮渠蒙遜開鑿涼州石窟一事上也反映出來。道宣《集神州三寶感通錄》卷中記載：

（沮渠蒙遜）以國城寺塔終非雲固，古來帝宮終逢煨燼，若依立之，傚尤斯及。又用金寶終被盜毀。乃顧眄山宇，可以終天。於州南百里，連崖綿亙，就而斫窟，安設尊像。

這就明確告訴人們，修造大石窟可以避免水火刀兵盜賊之類的毀壞。

修造石窟的同時，從北魏開始，石窟中還鐫刻了不少佛經。著名的響堂石窟刻經，在《唐邕寫經碑》中，也記載了「縑緗有壞，簡策非久，金牒難求，皮紙易滅」刻石經的緣起。聞名中外的響堂刻經、房山石經、四川安岳臥佛院刻經等一批珍貴佛教文獻得以留存至今，其原因大都與此有關。

◀山東青州駝山石窟第三窟，建於隋代。

▼四川安岳石刻臥佛，是釋迦牟尼涅槃像，全長二十三公尺，頭長三公尺，肩寬三．一公尺，刻於唐朝貞元年間。

中國大石窟為什麼與歷代著名高僧有不解之緣？

石窟，就是仿照佛寺建造的一種宗教建築，就其形制、功能而言，同樣是三寶具備的佛寺。大石窟，又往往是一個國家、一個地區的佛教中心，許多高僧住持其中，就是理所當然的了。

佛教中稱佛、法、僧為「三寶」。佛，指釋迦牟尼，也泛指一切佛。法，指佛教教義和經典。僧，即繼承、宣傳佛說的僧眾。佛寺中三寶具備，既有各種佛教造像、繪畫，又有聚集修行的僧眾，同時又是宣講佛法、儲藏佛經的所在。著名佛寺多由高僧住持，弘揚佛法，師承宗門。佛教石窟一般是先有佛寺，後有石窟寺，古今中外，大致如此。南朝多佛寺，北朝多石窟，然而現存的一些南朝石窟（如南京棲霞山石窟、新昌剡溪大佛），當初開鑿時就是後鑿石窟、前接木結構殿閣的形式，佛寺與石窟巧妙地結合起來。這種形式後來影響到北方，莫高窟至今保存著宋

代在石窟前面修造的木結構窟簷。雲岡石窟在遼、金時曾在十處主要石窟前接建木結構窟簷，形成遼代十寺。這都是石窟即佛寺的例證。

傾北魏舉國財力修建的雲岡石窟，不但是北魏境內最大的佛教工程，而且是北魏都平城時期最重要的佛教勝地。北魏皇帝多次巡幸石窟佛寺。據道宣《續高僧傳・曇曜傳》記載：

建成佛寺，名曰靈巖，龕之大者，舉高二十餘丈，可受三千餘人……東頭僧寺，恆供千人。

靈巖寺即雲岡石窟總稱，而東頭僧寺，很可能就是現存雲岡第三窟。偌大的雲岡石窟，可容納僧人數千人，可以想見當時佛事之盛。不僅如此，雲岡還是當時的譯經中心。曇曜在此與天竺、西域沙門常那邪捨、吉迦夜等人，曾譯出《付法藏傳》、《雜寶藏經》等佛經多部。

敦煌莫高窟，同樣也是高僧雲集的佛教勝地。我們從關於莫高窟歷代名僧、佛寺的記載，特別是總數萬卷的石室寫經上，不難知道莫高窟在中國佛教史上的地位。

◀河南安陽靈泉寺寶山上的一座淺石窟。
▲寧夏固原須彌山石窟大佛像。

中國大石窟為什麼多由歷代帝王倡導興建？

中國漫長的封建社會歷史中，帝王的權威無疑是至高無上的。佛教在中國的發展，佛教石窟在中國的興盛，與歷代帝王的支持也是分不開的。

翻開一部中國宗教史，世界上三大宗教（佛教、伊斯蘭教、基督教），都在中國占有一席之地；佛教、道教和儒家學說更居於優勢地位。中世紀是宗教瀰漫的世界。但是，和外國的情形不同，中國的宗教始終未曾以絕對權威支配國家的政治生活，形成「國教」。相反地，教權服從於世俗權力，或者說教權與國家權力密切結合，這是中國宗教史的特點。

南北朝時期，南北方的佛教狀況不盡相同。在南朝，是「沙門不拜王者」。按照佛教教義，一個人出了家，皈依佛門，就只敬事三寶而不敬父母君王，姓氏（有法號和俗姓之分，有些僧人姓釋）和年齡（有實際年齡和出家年齡之分，後者稱法臘）也有僧俗之別。而北朝的佛教，卻具有強烈的國家政治色彩，即佛教更緊密地依附於國家權力，為國興福，為帝王祈福，乃首要之義。例如，雲岡石窟開鑿於大同城西武州山麓，武州山自魏明元帝開始，早就是為國祈福的神山，雲岡石窟選擇在這裡開鑿，別有深意。明元帝以沙門法果為道人統，令「沙門敷導民俗」。就是這個法果，以北魏最高佛教首領的身分，率先帶頭禮拜皇帝。他有一句名言：

法果每言：太祖明睿好道，即是當今如來，沙門宜應盡禮，遂常致拜。謂人曰：能鴻道者人主也。我非拜天子，乃是禮佛耳。（《魏書．釋老志》）

把當今皇帝作為當今如來致拜，是因為皇帝不僅好道而且「能鴻道」，有利於佛教的興旺發達。有這種理論還要付諸實踐，中國歷史上第一位廢佛的太武帝死後，文成帝即位（四五二年）元年就詔令「有司為石像，令如帝身。既成，顏上足下，各有黑石，冥同帝體上下黑子」。

雲岡十三窟交腳彌勒菩薩像，腳上嵌有黑石。興光元年（四五四年），又敕有司於五級大寺內，為太祖以下五帝（道武、明元、太武、景穆、文成帝），鑄釋迦立像五，各長一丈六尺，都用赤金二十

萬斤。文成帝以北魏帝王形象為藍本雕造佛像，正是皇帝即當今如來思想的產物。而和平初年（四六〇年）開鑿雲岡曇曜五窟，為太祖以下五帝各開窟一所，雕造佛像各一，當為前不久五級大寺鑄像事件的一次重複。

此風一開，愈演愈烈。北方大石窟的開鑿，多與帝王、帝室有關。龍門賓陽三洞，是宣武帝景明初年（五〇〇年）為高祖、文昭皇太后各開窟一所，後又為世宗開窟一所。號稱「正教東流七百餘載，佛龕功德唯此為最」的龍門奉先寺盧舍那佛龕，為唐高宗及武后開鑿。該窟開鑿前後，正值武則天被封為皇后並加緊為建立武周政治製造輿論之時。一代雕刻精華的沉浮，就這樣與政治風雲的變幻緊密聯繫在一起。

從西魏文帝為文皇后乙弗氏「鑿麥積為龕而葬」（現為麥積山四十三窟）開始，北方大石窟還具有鑿窟為陵墓的功用。北齊響堂山石窟，即曾鑿穴以納高洋（一說高歡）靈柩。此習一直沿襲到唐代龍門石窟。這樣，一些著名的大石窟由帝王倡導興建，就不難理解了。

◀ 龍門石窟奉先寺盧舍那大佛，像高一七．一四公尺，頭高四公尺，耳長一．九〇公尺，是中國唐代佛教雕刻藝術的代表作。

▲ 敦煌莫高窟六十五窟壁畫各國王子圖，描述了佛祖涅槃時佛教諸弟子痛不欲生的情景。

印度的佛教藝術風格是如何在雲岡曇曜五窟中表現的？

雲岡石窟在山西省大同市，這裡是當時北魏的都城——平城。雲岡石窟的開鑿開始於北魏文成帝和平元年（四六〇年），是中國中原北方地區開鑿最早的石窟。其中著名的曇曜五窟（雲岡第十六至二十窟），由沙門統曇曜主持開鑿。

由於當時佛教藝術傳入中原地區時間不長，開鑿曇曜五窟的基本力量又是來自西部涼州的工匠，所以在這一時期的洞窟中保留了很多印度佛教藝術的風格。曇曜五窟的平面是馬蹄形，窟頂是穹窿形，主像占據了窟內大部分面積，整個結構很像印度僅容一人修行的草廬式洞窟。佛像外穿袒右肩袈裟或通肩袈裟，通肩袈裟在印度犍陀羅藝術中很常見，袒右肩袈裟出現在秣菟羅藝術中。衣紋有的粗疏凸起，如第二十窟大佛，同犍陀羅藝術仿毛質厚衣料的衣紋相似；有的細密貼體，如第十九窟西側立佛，明顯受到秣菟羅藝術影響。菩薩上身袒露，胸前戴項圈和瓔珞，下身穿羊腸大裙，很像印度貴族、富人的裝扮。佛的面相方圓，細眉長目，眼窩深陷，鼻高直，鼻翼舒長，嘴唇略厚，嘴角現出一絲笑意。兩肩齊亭，胸部厚實。佛的形象一看便知是深受印度佛教藝術影響，但同時也表現了中國人對佛形象的理解。比如第二十窟大佛，其面相是以秣菟羅藝術的佛像為底本的，但印度佛像的眼睛微閉，作思考狀，二十窟大佛雙眼睜開，目光炯炯有神。

曇曜五窟之後的雲岡洞窟，逐漸走向了風格本地化。洞窟平面變為方形，有前、後室，服裝衣紋簡化，並出現了漢式服裝的佛像等等。但有些特徵得到保留，如深目高鼻的佛面相，著裙的菩薩服裝，一直延續了很長時間。

◀ 雲岡石窟二十窟釋迦牟尼佛坐像，因其所在窟壁坍塌，遂成為獨特的露天大佛。像高一三・七公尺，造型宏偉，是雲岡石窟的代表作。

▶ 雲岡石窟十八窟東壁上的小佛。

什麼是石窟藝術的「平城模式」？

平城（今山西大同）是北魏孝文帝遷都洛陽之前的都城，著名的雲岡石窟就在這裡。雲岡石窟所創造和發展的石窟開鑿模式，即石窟藝術的「平城模式」。

雲岡石窟是新疆以東最早出現的石窟群，又是當時統治中國北部的北魏皇室、顯貴集中各地技藝和人力、物力興造的，所以它所創造和不斷發展的各種新樣式，很自然地成為當時中國北部興鑿石窟所參考的典型，成為了石窟開鑿的一種模式，即「平城模式」。這種模式影響了東自遼寧義縣萬佛堂石窟、西到陝、甘、寧北方各寺的北魏石窟，甚至河西走廊西端的敦煌石窟亦不例外。雲岡石窟影響範圍之廣和影響延續時間之長，都是任何其他石窟無法比擬的。

雲岡石窟北魏時期的洞窟，由於當時社會政治、文化等因素的變化，呈示出階段性的發展，「平城模式」也隨之而變化。一般把雲岡石窟的發展分為三個階段。

第一階段包括十六至二十窟，即北魏文成帝和平初年（四六〇年）開鑿的「曇曜五窟」。這一階段洞窟形制都是橢圓形平面、穹窿頂的仿印度草廬形式。窟內造像主要是三世佛和千佛。主像形體高大，占據窟內大部分面積。造像形象雄偉、剛健，面相方圓，深目高鼻，頸短，肩寬胸厚。衣紋處理一種如第二十窟主像的仿毛質厚衣料而凸起的式樣，可以看出印度犍陀羅風格的影響；一種如第十九窟主佛的輕薄袈裟細衣紋，顯現出秣菟羅藝術的一些特點。佛像的服裝有右袒式和通肩式兩種。菩薩斜披絡腋，頭戴高寶冠，胸前裝飾項圈、短瓔珞。

雲岡第一階段的造像氣勢宏大，表現了鮮卑這一北方新興民族的內在精神。在藝術處理上，雖然保留了許

多舊有風格，但也創造了更多新的意境，使石窟造像這一形式更加完善。

第二階段的時間是文成帝之後至孝文帝遷都洛陽以前。主要洞窟有七、八窟，九、十窟，五、六窟，一、二窟和十一至十三窟五組。這一階段洞窟形制平面多作方形，窟內有前後室之分，有的窟在中央立塔柱。窟內壁面雕刻不像第一階段只有千佛，而是上下重層，左右分段開龕造像，窟頂雕出平棊棋。造像中大型佛像減少了，造型也不如過去雄偉，但是造像的題材增多了，還出現了世俗供養人行列。造像的面相由豐滿趨於長圓，軀體健壯適中。衣紋的處理演變為斷面階梯式，太和十三年前後，佛裝改變了過去的樣式，出現褒衣博帶式服裝。菩薩頭戴花蔓冠，著交叉帔帛。

這一階段出現的中國傳統形式的建築和壁面布局，以及佛像褒衣博帶式服裝，是和孝文帝太和初年開始的漢化改革相適應的。外來的佛教石窟藝術，在北中國就是在這個時期較顯著地開始了中國化，這對北方其他石窟的影響非常大。

第三階段從孝文帝遷都洛陽後至正光末年（四九四～五二四年）。這一階段多為中小型洞窟，布局多樣的小龕遍布雲岡各處。洞窟內部日益方整，流行的窟式有塔洞、千佛洞、三壁三龕式和三壁重龕式。佛的面相清瘦，長頸，削肩，整個軀體修長、秀美。佛全部穿褒衣博帶式服裝，衣服的下襬褶紋越來越重疊。菩薩也日趨消瘦，較晚出現帔帛交叉處穿壁。

這一階段皇室雖然遷到了洛陽，但平城作為北都，雲岡繼續是佛教重地，加之洛陽開鑿大型洞窟不多，很多工藝師留在了雲岡，繼續發展過去的傳統，並創造了一些新的樣式和題材，其影響之廣泛連龍門也不得例外。

◀雲岡石窟第八窟三頭八臂騎牛的摩醯首羅天。
▲雲岡石窟佛坐像。

北魏孝文帝漢化改革給雲岡、龍門石窟帶來哪些新風格？

北魏孝文帝為了加強對中原地區的統治，消除鮮卑族和漢族間的隔閡，實行了一系列的漢化政策，主要有改胡姓為漢姓，禁胡語講漢語，禁胡服穿漢裝，最重要的是遷都洛陽。孝文帝的漢化改革在石窟造像中也有反映。

北魏太和十年（四八六年），孝文帝「始服袞冕，朝向萬國」，開始了服制的改革，他並親自為群臣賜漢服，穿戴漢族服裝開始流行。雲岡石窟地處當時的國都，於太和十年以後為佛像也著上了漢服（著漢服的佛像，有明確紀年的最早實例是太和十三年）。這種服裝本是南朝士大夫的常服，因衣大帶寬，所以稱為褒衣博帶式服裝。開始時，只有部分佛像穿新式服裝，可是到太和十八年遷都洛陽之前，石窟中的佛像服裝都雕成了褒衣博帶式。龍門石窟的佛像，在孝文帝遷洛前後，仍然保留著舊樣式。這是因為當時洛陽地區社會動盪，接受新的藝術風格能力不強。太和十八年孝文帝遷都後，再「革衣服之制」，隨後龍門石窟的佛像服裝也改為了褒衣博帶式。

隨著漢化改革的實行，石窟中的一些表現形式也發生了變化。雲

岡洞窟的壁面佛龕，布置為上下重層、左右分段的形式，這是漢族地區漢魏以來的繪畫布局形式。早期的佛像都是席地而坐，後來受南朝坐床習俗的影響，佛像身下安置了高寶座。石窟建築中出現仿漢人建築的形式和裝飾。

遷都洛陽之後，北魏貴族對南朝藝術更加熟悉，南朝流行的「秀骨清像」的形象在龍門石窟出現，首先是清秀的供養人，而後又出現了清瘦的佛像。

◀ 雲岡石窟第五窟前室東側佛像。佛像表情溫和恬靜，漢化色彩頗濃。

▲ 雲岡石窟第六窟後室中心塔柱上層所供的主佛，造像莊嚴，面容豐瘦適中，褒衣博帶，開啟了石窟中國化的風格。

北魏時期敦煌莫高窟是何樣子？

敦煌石窟開鑿於前秦建元二年（三六六年），但現存最早的洞窟屬於北涼政權統治敦煌時期（四二〇～四四二年）。敦煌北魏時期的洞窟開始於北魏中期，這一時期洞窟形制以中心塔柱窟為主。

敦煌石窟現存最早的洞窟屬於北涼政權統治敦煌時期（四二〇～四四二年）。這一時期只開了三個窟，即第二六八、二七二、二七五窟。三個窟的主尊塑像都是單身像，脅侍菩薩是畫在塑像兩側的。兩個側壁的壁畫分上下段繪不同的內容，主要是佛傳和本生故事，另外還有天宮伎樂和供養人等。

這一時期的風格可以看出受西域影響很大，尤其以龜茲風格為主。特點是人物面相渾圓，寬額大眼，直鼻薄唇，肢體粗壯，姿態端莊，表情沉穩恬靜；人物的衣冠服飾有西域式、印度式、波斯式；壁畫中人物面部、肌膚的暈染使用了傳自印度的「凹凸法」，即以朱色層層疊染，再用白粉畫鼻樑、眼睛和眉稜，以示面部的隆起，用圓形暈染表示肌體的立體感。

與此同時，也看出漢文化對此時期的影響。受儒家思想的影響，敦煌沒有出現克孜爾石窟流行的豐臀大乳的裸體舞女和菩薩；壁畫的布局參考了漢地壁畫分段設計的形式。

敦煌北魏時期的洞窟開始於北魏中期。這一時期洞窟形制以中心塔柱窟為主。平面作長方形，窟室後部中央鑿連通窟頂與地面的方形塔柱，柱身四面開龕造像，正面為一大龕，其餘三面都是上下兩層龕，柱身上部還貼影塑（即以模型塑出粘在壁面上的，類似浮雕）。窟室前部為人字形的窟頂，上面浮塑了仿木結構的枋、簷和椽子。

這時期的塑像不再是單身像，出現了組像，即在主尊像兩旁另塑左右脅侍菩薩。主尊塑像以倚坐釋迦像為主，壁畫內容仍以佛傳和本生故事畫為主，新增加了外道皈依，守戒自

殺等因緣故事畫，有的壁畫還畫出了西方三聖。壁畫構圖上新出現了情節連續排列的橫卷連環畫形式，每個畫面還附有榜題，說明壁畫內容。

人物的形象為長圓形臉，平眉，秀眼。人體比例逐漸修長，姿態大方，神情恬靜。人物服飾多數仍著西域裝，但也出現了戴胡帽穿漢裝的形象。

西域式和漢地中原式的風格在洞窟中混雜表現，如天宮伎樂所處的西方圓拱門中，出現了中原宮殿式門樓。這種情況說明從西域傳來的石窟形式已越來越多地摻入了中原文化的因素。

北魏晚期的洞窟仍然以中心塔柱窟為主，很多方面沿襲著舊有的風格。但是中原文化的影響日益明顯，在服裝、體態和染色手法等方面出現了新的形式。塑像造型變得扁平單薄，肢體修長，面相方瘦清秀。人物身穿中原褒衣博帶式服裝，面部的暈染也開始使用漢式染色塊的手法。

這個時期新風格的出現，與北魏孝文帝漢化改革有關係。北魏孝文帝改革以後，雲岡、龍門的造像已出現新形式，後又由東向西傳播，先到天水麥積山，然後到永靖炳靈寺，繼而傳到敦煌，並由敦煌使這種風格傳至西域地區。

◀ 敦煌莫高窟二四八窟的壁畫飛天，北魏時期作品。飛天是敦煌莫高窟不可或缺的組成部分，是敦煌藝術的獨特標誌。

▲ 敦煌莫高窟二五七窟菩薩半跏像，北魏時期作品。塑像具有明顯的印度風格，尤其是菩薩四周的飛天壁畫及裝飾圖案。

中國石窟中最早的年代題記出現在哪裡？

中國石窟最早的年代題記保存在甘肅永靖縣炳靈寺。一九六三年一六九窟北壁第六龕發現的西秦「建弘元年（四二〇年）歲在玄枵三月廿四日造」的墨書題記，是現知中國最早的石窟紀年，為研究十六國時期的佛教遺跡提供了重要標尺。

中國早期石窟，大多沒有明確的時間記載，判定其時代，只能依靠觀察其風格和特點，並與同時代確定的作品進行比較。最可靠的比較標準當然是附有建造當時年代題記的作品。

炳靈寺石窟在明代以後逐漸湮沒，一九五一年被重新發現。炳靈寺石窟一六九窟為利用不規則天然巖洞開鑿而成。窟內除西秦遺存外，還有個別北魏和隋代的作品。有題記的第六龕內塑一坐佛和二立菩薩，墨書題名為無量壽佛、觀世音菩薩和大勢至菩薩。龕內周壁繪出了釋迦牟尼佛、藥師佛、彌勒菩薩和十方諸佛，像旁亦有榜題。窟中壁畫題材還有說法圖、釋迦多寶二佛並坐、維摩詰以及供養人等。上述塑像和壁畫形象，多為中國

同類題材出現的最早實例。

一六九窟西秦塑像的特點是，佛面相方圓，細眉大目，直鼻厚唇，體態粗壯，兩肩齊挺，衣紋輕薄貼體；菩薩頭不戴冠，面露笑容，安詳端莊。窟內壁畫，造型樸拙，線描有力。畫面以土紅為底色，設色以土紅、青綠、黃色為主，色調質樸豪放。在畫法上，吸收了龜茲壁畫表現明暗效果的凹凸法。

繼西秦開窟後，北魏、北周、隋、唐各代續有建造。

北魏時期的窟龕有三十三處，多開鑿於北魏中晚期。窟內設低壇，在壇上塑造佛和菩薩像。造像題材有釋迦多寶二佛並坐、彌勒、七佛、千佛和涅槃像等，造型面相清瘦，形體修長。北周時期開窟二個，造像題材為三世佛，風格平實，造像面相方圓，身體粗壯。

唐代窟龕現存一百三十四處，占炳靈寺石窟窟龕總數的三分之二以上，其中多是摩崖小龕，洞窟數量不多。唐代造像多為石雕，外敷泥施彩繪。主要造像有阿彌陀佛、藥師佛、彌勒佛和觀音菩薩等。初唐造像人物身材較長，盛唐體態豐滿，中晚唐時期則人物體形過於豐腴而近臃腫。

◀ 甘肅炳靈寺姐妹峰景致，舉世聞名的炳靈寺石窟就坐落在這千仞的石峰上。

▲ 甘肅炳靈寺石窟一六九窟佛像，是西秦時代最早紀年的佛像。此無量壽佛結跏趺坐，形體粗壯，衣飾簡練，臉型尚有西域人的特徵。

為何麥積山石窟被稱為「塑像館」？

麥積山石窟位於甘肅省天水市東南四十五公里的麥積山，現存窟龕一百九十四個，保存泥塑造像七千多身，是中國泥塑造像最多的石窟，故有「塑像館」之稱。

麥積山石窟的創建年代，一般認為在西元五世紀。這一時期的佛像面相雄健，直鼻大眼，嘴小唇薄，軀體粗壯堅實。菩薩高冠，披髮，袒裸上身，下著長裙，體態渾厚。造像題材主要是三世佛、交腳彌勒菩薩和思惟菩薩。

北魏時期開鑿的洞窟數量最多，可以分為前後兩期。前期洞窟仍以三世佛造像為主。後期洞窟數量大增，造像題材除三世佛外，出現了一佛二菩薩二弟子或再加二力士的五尊或七尊新的組合形式，此外還出現七佛、立佛、十大弟子和供養人像。造像形體修長，面容清秀。一些洞窟中還保存了壁畫，有大型本生故事畫和經變畫。第一二七窟的西方淨土變，場面宏偉，是中國石窟已知年代最早的大幅淨土變。

西魏時期，開窟造像的勢頭不衰。文帝文皇后失寵後，在麥積山出家為尼，死後鑿崖為窟而葬。這一時期，模仿木結構建築形式的崖閣式窟進一步發展，窟外雕出八角形列柱和屋脊瓦壠，列柱內為前廊，廊後部鑿窟龕。造像題材除三世佛外，還有文殊、維摩對坐，分置於兩側壁。塑像組合中出現了童男童女像，立於佛兩側。造像人物的面相已由清瘦漸趨豐圓。

北周時期，開鑿了較多的洞窟，並有一些規模宏偉的大窟。大窟多為崖閣式窟，其規模之大為前代所未見，第四窟（上七佛閣）堪稱代表。此窟為秦州大都督李允信為亡父營造，距地表約五十公尺。窟前鑿八柱七間的殿堂式崖閣，列柱內為前廊，廊後部鑿出七座方形大窟。窟內造像以七佛為主，佛旁立弟子、菩薩像。造像人物方圓豐滿，體態健壯。佛像短頸寬肩，腹部略凸。壁畫採用繪、塑結合的手法，增加了形象的立體感。

隋代在麥積山繼續開鑿。洞窟主尊多為釋迦牟尼佛或阿彌陀佛。造像形體和裝飾更趨寫實。唐代以後，麥積山山體南側大面積崩毀，幾乎無處開鑿新洞窟。現存的唐、宋、明代造像，多是在前代窟內重塑、補塑或改塑的。

◀ 甘肅麥積山四十四窟正壁佛像，西魏時代作品。佛像衣飾下襬褶紋線條已趨繁複，由此可看出佛像造型漸趨中土化的跡象。

▲ 甘肅麥積山石窟第五窟踏牛天王，初唐泥塑作品。此天王怒目圓睜，威嚴中帶有一絲斯文。

為什麼說響堂山石窟具有承前啟後的影響？

響堂山石窟位於河北省邯鄲市峰峰礦區鼓山，包括南響堂、北響堂和小響堂（水浴寺）三處。南響堂現存七窟，北響堂存八窟，小響堂存三窟。

響堂山在北齊時期是由都城鄴（今臨漳）至晉陽的必經之地，北齊皇室和顯貴在此大興佛事，開窟造像。響堂山現存主要形象都是北齊時期開鑿的，因其規模大、數量多，所以是中國北齊石窟的代表作。這一時期承啟北魏和隋唐兩大造像高峰，響堂山石窟充分表現了兩大高峰之間的過渡。

響堂山石窟的窟形有中心塔柱式和三壁三龕式兩種。

中心塔柱窟，多在窟前鑿出帶有簷柱的前廊，並雕出仿磚石結構的簷瓦、檁、椽、枋和斗等。

這種形式是繼承了雲岡北魏時期的風格，雲岡九、十窟，十一、十二和十三窟之前均列楹柱，並雕仿木結構的窟簷。響堂山石窟窟內的中心柱，正面及兩側面三面開龕造像，柱後鑿隧道式禮拜道。這種形式是從鞏縣四面開龕的中心柱窟演變而成的。窟前有前廊的形式在隋代以後逐漸被窟前建木結構建築代替，中心塔柱窟在隋以後中原地區也不常見了。

三壁三龕式窟，是雲岡晚期形式的繼續，不過更加規整了。窟內沿三壁設寶壇，壇上有寶座，在座上雕刻佛像。這種設寶壇的形式在隋唐時期被沿用。

響堂山石窟的北齊造像，已不像北魏晚期那樣清瘦俊秀、威嚴莊重，而變為豐圓飽滿、神情溫和。形象大多健壯豐滿，胸部隆起，兩肩寬大，整體造型是上大下小的管狀形，略有厚重之感。衣紋的處理變重疊繁縟為簡潔流暢，感覺舒展自然。

響堂山石窟雕像的特點，正是由早期造型對線的強調，發展為對物體自然形態的立體描述。但由於此種風氣始開，所以顯得很不成熟。到了唐代，在完善北齊風格的基礎上，更加表現了人體的曲線美，形體生動自然，達到了中國佛教藝術的一個高潮。

響堂山石窟上承北魏優秀的傳統，又在風格上不斷創新，開隋唐風格之先河，在中國石窟藝術發展史上占據了很重要的位置。

◀ 河北邯鄲北響堂山石窟南窟內景。
▲ 河北邯鄲北響堂山石窟寺的石雕佛。

南京棲霞山石窟、剡縣大佛與名僧僧祐有什麼關係？

僧祐是南朝名僧，生於建康（今南京），十四歲時出家。他一生致力於佛教經典的搜集整理，所撰《出三藏記集》對佛經的翻譯、流傳和真偽詳加考證，是現存最早的佛典目錄。

僧祐也是南朝著名的佛教建築和雕塑設計家。據《高僧傳》記載：「祐為性巧思，能自準心計及匠人依標，尺寸無爽。故光宅、攝山大像、剡縣石佛等，並請祐經始，準畫儀則。」這幾處佛像的鑄造、雕鑿，都是長期籌劃的，但動工以後遇到困難，由僧祐主持，經過改鑿才得以完成的。

光宅寺的無量壽佛是「丈八金像」，但先前鑄造四次都不成功，在僧祐的監造下才完成了，被譽為當時金銅佛像之最。可惜此像沒有留存到今日。

攝山大佛在今南京棲霞寺。齊永明二年（四八四年），明仲璋與法度禪師在攝山西峰石壁上主持開鑿了無量壽佛和二菩薩像，佛身連座高四丈，二尊菩薩高三丈多。大佛在近代被塗了水泥，已失原來面目。

在大佛附近南朝時還開了一些石窟，很多王室成員在此處雕造佛像。這是長江流域保存至今的少量南朝石窟之一。

剡縣石佛在今浙江新昌縣寶相寺。此處石佛也是前人雕鑿未獲成功，所以天監六年（五〇七年）「敕遣僧祐律師專任像事。……初僧護所創鑿龕過淺，乃鏟入五丈。更施頂髻及身相。……像以天監十二年春就功。至十五年春竟。坐軀高五丈，立形十丈，龕前架三層台。又造門閣殿堂」。可以看出，僧祐不僅負責佛像的設計，同時主持了殿堂的建築施工。

大佛像的規模有記載說，佛身高十丈，佛座五丈六尺，佛面長一丈八尺，眼長六尺三寸，眉長七尺五寸，耳長一丈二尺，鼻長五尺三寸，口寬六尺二寸，手長一丈二尺五寸，寬六尺五寸，佛足同手大。佛像壯麗堂皇，比例勻稱。今天見到的大佛雖經後世改修，但其氣勢仍依稀可見。

◀江蘇南京棲霞山千佛岩石窟內的石雕佛像。
▼江蘇南京棲霞山千佛岩。

隋唐時期的敦煌莫高窟為何被稱為盛期？

隨著隋代全國統一和唐代經濟國力的強大，敦煌在此時期開鑿了大量的洞窟，現存三百多個，占敦煌洞窟總數百分之六十以上；在藝術表現上進入了全新的階段，使西來的佛教藝術與漢文化圓滿地融合，創造了更易被眾人接受的形式。

隋唐時期典型的洞窟形制是方形平面的覆斗頂窟，窟內空間開闊寬敞，改變了早期中心塔柱窟狹窄、神秘的布局。塑像放置在壁面上開鑿的大龕內，唐後期在窟中央設置方形壇，把塑像放在壇上。

隋代塑像的組合主要為一佛、二弟子、二菩薩或四菩薩。人物面型豐圓，形體粗壯，顯得頭大、上身長、下肢短。這種風格擺脫了北朝時期清瘦的造型，向唐代雍容華麗的風格發展，但是還不夠成熟。

唐代塑像的組合多是一佛、二弟子、二菩薩、二天王或加二力士，另外還有七佛像、供養菩薩像等。唐代的塑像圓滿洗練、雍容瑰麗，隋代開創的風格趨於成熟和完美，達到了敦煌藝術的黃金時代。這時期風格更明顯地走向世俗化，表現了當時雄健豪放的時代精神。

初唐形象豐滿而生動，身體曲線流暢，富於節奏的變化。例如第二〇四窟的菩薩，頭戴寶冠，胸垂瓔珞，手足戴環釧，衣裙繪彩畫，儀態溫和秀麗。第三二二窟的天王像，身著武士裝，盔甲嚴整，面相威武，充滿青春活力。

盛唐的塑像更是無比精美，還塑造了第九六窟高三三公尺的「北大像」和第一三〇窟高二六公尺的「南大像」，第一四八窟主尊涅槃像的背後站立了七十二個弟子，是敦煌最大的一組彩塑群像。第四十五窟的菩薩微笑沉思，體態秀美，上身赤裸，呈現出豐腴的肢體，輕薄的長裙貼在身上，顯出微微動態。無論是柔美的表情，還是端麗的姿態，都體現了婀娜溫柔的女性特點。同窟的天王卻顯得剛健、勇猛，表現了男性堅毅的性格。

唐代晚期的塑像仍保留著菩薩的豐腴和天王的勇猛，但顯得有些程式化，缺乏內在的活力。佛和菩薩的表情不像盛唐那樣充滿智慧和尊嚴，略顯平靜、淡漠。

隋唐時期敦煌壁畫與北朝有很大不同。在內容上表現讚美充滿悲苦絕望、自我犧牲的很少，主要是追求佛國世界的歡樂與美好，這表現在經變畫占了主要位置。這是唐代社會經濟繁榮，社會安定，人民追求新生活的表現。另外新出現的還有佛教感應故事畫、瑞像圖和歷史人物畫等。

隋代的經變畫有西方淨土變、東方藥師變、維摩詰經變和法華經變等，一般畫面較小，內容表現也比較簡單。人物造型方正圓潤，肩部豐腴而微削，結合微扭的腰部，菩薩、弟子都顯得風姿挺然，在端莊的形象中出現了輕微的動態。這一時期壁畫的色調還保留了早期沉靜的灰黑色調。

唐代前期壁畫內容豐滿，藝術手法新穎。這個時期增加了觀無量壽經變、彌勒經變等內容。壁畫規模很大，有的占據了窟內整整一個壁面。畫面布局緊湊，色調變得豐富華麗，給人一種金碧輝煌的印象。比如第三二〇窟的「觀無量壽經變」，構圖簡潔明快，人物精美，庭園幽雅，蓮花出於寶池，歌舞列於台榭；佛和菩薩儀態莊重、秀麗，輕紗薄羅，恬靜安逸，彷佛進入了美妙的世外桃源。

唐代後期壁畫內容大增，新出現了金剛經變、金光明經變、華嚴經變、思益梵天請問經變、密嚴經變、報父母恩重經變等，而且多種經變畫繪於一窟。這是唐代佛教宗派興盛的表現。唐後期還增加了如意輪觀音、千手千眼觀音、不空羂索觀音等密宗題材的壁畫。這個時期的壁畫繪畫手法更加寫真，風格細膩，畫面明快，色彩燦爛。

在唐代壁畫中有很多表現了當時世俗的生活場面。如第一五六窟的「張議潮出行圖」和「宋國夫人出行圖」，場面宏大，表現的是歸義軍節度使張議潮和夫人出遊的情景，行列中車騎隨從浩浩蕩蕩，百戲伎樂前呼後擁、狩獵人物策馬急馳，人物造型生動、寫實，保留了大量歷史和民俗的資料。

▶ 敦煌莫高窟四十五窟內的菩薩彩塑，盛唐時期作品，具有典型的唐代佛教造像風格。

龍門奉先寺和武則天有何關係？

奉先寺大像是龍門石窟群中規模最大的造像。大像始鑿於唐高宗時期，武則天時期完成。大像完成以後，在像前修建了一座規模很大的寺院，即奉先寺。

奉先寺大像原屬奉先寺一部分，名大像龕。後來木結構的奉先寺被毀無存了，大像龕就被習慣稱為了奉先寺。

奉先寺大像的開鑿同武則天有著密切的關係。武則天為了奪取李唐政權，利用佛教為她進行輿論宣傳，曾為大像的開鑿「助脂粉錢二萬貫」，並主持工程落成的「開光」儀式。

盧舍那佛是釋迦牟尼的報身佛，意思是光明普照，而且是華嚴宗（因闡揚《華嚴經》而得名）的教主。武則天曾親自參與《華嚴經》的翻譯，並為譯本作序，在序中一再重複她做皇帝是符合佛經的預言的。

奉先寺的盧舍那佛坐像，高度是一七・一四公尺，頭部高四公尺。面部表情慈祥而恬靜，眉清目秀，眼光中流露出智慧的光芒；嘴角微翹，顯出微微笑容；頭部稍低，好像在關心注視著禮拜者，使人覺得可敬可親，同時大像宏大的氣魄，令人又覺得敬畏。這種形象正是武則天奪取政權時所需要的。

盧舍那佛兩旁還雕造了兩個弟子、兩個菩薩、兩個天王和兩個金剛。這些形象各高十餘公尺，弟子和菩薩安詳虔誠，天王神態嚴肅，金剛氣勢凶猛。通過這些形象的襯托，主尊佛像顯得更加莊嚴雄偉，令人頓生敬意。

武則天還指使僧人偽造佛經，並宣稱「則天是彌勒下生，作閻浮提主，唐氏合微，故則天革命稱周」。龍門在武則天稱帝以前就有僧人在惠簡洞為她造彌勒像，到她當政時又造了雙窟南洞和摩崖三佛龕的彌勒像。武則天帝號為「慈氏越古金輪聖神皇帝」，慈氏就是彌勒，說明她以彌勒自居，這些造像正是為她的統治服務的。

◀▶ 龍門石窟奉先寺北側的天王、力士造像。

石窟造像題材和佛教宗派有什麼關係？

佛教發展到隋唐時期，由於對教義不同的理解和寺院經濟的發達，產生了不同的佛教宗派，不同的宗派按各自的思想安排窟中的形象，並且隨其興衰，窟中形象相應有所變化。

佛教宗派主要有天台宗、淨土宗、唯識宗、華嚴宗、密宗、禪宗和三階教等。

天台宗是隋代智顗創立的，《法華經》是該宗主要的教義根據。中國早期北朝石窟中的許多造像題材，與《法華經》在當時的流行有關。敦煌隋代洞窟中開始出現「法華經變」壁畫， 到了唐代「法華經變」壁畫大增，其中以盛唐時期最多，而且很多窟內整整占一壁面，畫面更加完整，表現更為豐富。五代時期「法華經變」壁畫數量減少。

淨土信仰在中國流傳很早，在石窟中也早有表現。如雲岡北魏晚期洞窟中出現了「願托生西方妙樂國土」的銘記，麥積山一二七窟在北魏晚期畫了「西方淨土變」壁畫。但是淨土題材在石窟中大規模的表現，還是在淨土宗創立之後。

淨土宗是隋唐之際創立的，主要經典為《阿彌陀經》和《觀無量壽經》等。 敦煌隋代洞窟中出現了「阿彌陀經變」壁畫，到了初唐數量急增，規模擴大。盛唐時期，「觀無量壽經變」壁畫超過了「阿彌陀經變」的數量。 西方淨土這種題材在敦煌一直到五代和西夏還有比較多的表

現。

華嚴宗因其以《華嚴經》為主要經典而得名，唐代法藏創立。華嚴宗的教主為盧舍那佛，這個大像是龍門唐代造像中最大的，而且是皇室所鑿，足見華嚴宗在當時之勢力。敦煌在盛唐開始出現「華嚴經變」壁畫，中、晚唐為其高潮，五代和宋也有繪製。

密宗是唐玄宗時期創立的。龍門東山擂鼓台北洞出現了唐代晚期的密宗主尊大日如來像，還有四臂、八臂觀音、千手千眼觀音等密宗造像。敦煌初唐以後出現十一面觀世音、不空羂索觀世音等像，中唐時期開始出現「密嚴經變」、「如意輪觀音變」等密宗題材的壁畫，五代、宋、西夏時期這些題材繼續沿用。大足石窟五代、元和兩宋造像以密宗像為主。元代受喇嘛教影響，杭州飛來峰元代石窟造像多為密宗題材。

禪宗是唐代創立的，所奉經典主要是《金剛經》和《楞伽經》等。在龍門的擂鼓台中洞武周時期雕了二十五尊羅漢像，看經寺有二十九尊羅漢像，這些羅漢雕像是為了表現禪宗師承關係的。敦煌從中唐開始按禪宗的經典繪製了「金剛經變」、「楞伽經變」和「思益梵天問經變」等壁畫，有些題材到五代和宋仍比較常見。

◀ 重慶大足寶頂山大佛灣第十七號大方便佛報恩經變相（南宋），像高七百一十公分，寬一千四百七十公分，描述釋迦牟尼佛於過去世身為王子時為父抬棺的孝行故事。

▲ 龍門石窟盧舍那大佛像左側阿難弟子像。

劍川石窟有哪些南詔、大理國的特點？

雲南大理白族自治州的劍川石窟，現存十六窟，分布於石鐘寺、獅子關和沙登村三區，開鑿於南詔、大理時期，是一處以白族等少數民族為主體的石窟，對研究南詔、大理的佛教藝術、社會歷史和民族關係等，具有重要價值。

劍川石窟的題記年代，有天啟十一年（南詔王豐祐年號，西元八四一年）、盛德四年（大理王段智興年號，一一七九年）等，相當於晚唐至南宋時期。

劍川石窟十六個窟中，有十三窟雕刻佛教造像，其數量之多和藝術水平之高，反映了南詔大理國佛教盛行的情況。關於佛教何時傳入南詔，有兩種說法。李京《雲南志略》中說：「開元二年（七一四年），遣其相張建成入朝。玄宗厚禮之，賜浮屠像，雲南始有佛書。」這是中原傳入說。《劍川縣志稿》則記載：「贊陀崛多尊者，唐蒙氏（南詔最高統治者蒙氏王族）時自西域摩伽國（印度）來，經劍川，遺教民間。」這是印度傳入說。可以肯定的是，當時流行密宗「阿叱力教」，盛行觀音崇拜。造像題材內容，佛像有毗盧佛、多寶佛、彌勒佛、阿彌陀佛，還有

維摩、文殊變和華嚴三聖等。菩薩像有地藏、甘露觀音、化身觀音、立觀音等。此外，四天王像，特別是北方毗沙門天王像和八大明王像，也反映了南詔大理佛教密宗流行的特點。

劍川石窟是古代白族人民傑出的藝術創造，它的雕刻藝術也受到這方面的影響。本主信仰，是大理地區白族人民一種特殊的宗教信仰，崇拜本鄉本土的諸神，雕造本主像而供養，其中包括本民族的國王、清平官、大將軍等。劍川石窟雕像中，有三個窟是南詔王及其家屬、侍從像。例如，獅子關第一窟，雕出南詔創業始祖細奴羅及其后妃、子女像，俗稱「全家福」。石鐘寺第二窟，雕出十六人的大場面，稱做「閣邏鳳議政圖」。窟中央是坐在龍頭靠椅上的南詔第五世王閣邏鳳（七四八～七七九年在位），頭戴圓錐形王冠（頭囊）。國王右邊是身著袈裟的王弟閣陂和尚，椅背有曲柄傘（扛傘）。國王兩側還有清平官（相當於丞相的官吏）、侍從、武士等人物。石鐘寺第一窟，雕出南詔第六世王異弁尋（七八〇～八〇八年在位）議政圖，國王身後侍者執彎曲的長籐杖（赤籐杖）。這些雕像，真實反映了南詔宮廷的政治生活、衣冠服飾、用具建築及風俗制度等，是南詔社會生活的寫照。此外，石鐘寺第八窟，還雕出「阿盎白」——女性生殖器雕刻，是有待民族社會學研究的課題。

◀ 雲南劍川石鐘山石窟第一窟造像。石鐘山石窟不僅有精彩的佛教造像，歷史上功績卓著的三位南詔王也列位其間，圖中居中者即是開創南詔盛世的異牟尋。

▲ 雲南劍川石鐘山石窟古樸可愛的力士造型。

為何盛唐後石窟重心南移到四川？

中國的石窟藝術，經過魏晉南北朝的蓬勃發展，至隋唐而達全盛時期。石窟造像遍及各地，石窟藝術的民族化、世俗化也達到了新的高度。然而，晚唐五代以來，石窟造像中心卻轉移到以四川石窟為代表的南方地區。

在中國佛教史上，唐代是形成宗派的時期。唐代前期形成的佛教宗派，有天台宗、華嚴宗、淨土宗、法相宗以及三階教等。武則天後期以後，密宗與禪宗興起。密宗注重咒術儀軌等宗教修行活動，晚唐後又因東傳日本、新羅等國而在本土陝、洛地區失去勢頭。禪宗重視主觀唯心主義的認識論，標榜不誦佛經，不立語言、文字，由拜佛轉而呵佛罵祖。這樣，就使原來作為「像教」的佛教，不大重視造像而注重宗教儀式與活動，人們對宗教的要求發生一定變化，寺院崇拜逐漸超過了石窟崇拜。這是原因之一。

晚唐武帝和後周世宗的兩次廢佛事件和「安史之亂」造成的惡果，沉重打擊了佛教勢力，寺院經像被毀，佛教徒避難南方，從此北方佛教一蹶不振，南方佛教仍在發展。這是原因之二。

就在同一時期，與藩鎮割據、烽火連年、經濟凋敝的中原地區不同，南方，尤其是西蜀和南唐，由於社會相對安定，地方富庶，經濟發展，形成金陵、成都的繁榮。唐玄宗、僖宗兩度入蜀避難，帶來大批經像、文人學士和佛教徒，給原有相當造像基礎的四川等地，注入了新的血液。宋代以後，南方社會經濟的發展已超過北

方。四川首次雕印佛經大藏，成都大聖慈寺成為盛極一時的著名大寺。這時敦煌莫高窟的許多經本、題材來自四川。同時，密宗金剛部盛傳於四川，形成獨具特色的祖師傳承系統。因此，正當北方石窟造像趨向衰竭時，四川石窟造像卻以異軍突起之勢出現，這是由其外部和內部的多種原因造成的。

◀ 重慶大足縣寶頂山大佛灣觀無量壽佛經變相，上品上生圖（南宋）。

▲ 四川安岳石刻毗盧洞紫竹觀音。毗盧洞是五代、北宋時期四川佛教密宗的道場之一。

為何四川石窟以密宗造像獨盛？

密宗胎藏、金剛兩部密法在中國的傳承，以善無畏、不空創立的金剛界較盛。特別是不空，師承二部密法，是密宗的主要創立者。不空門下傳人以「六哲」為著，而以青龍寺承其法脈。惠果（七五二～八〇五年）學兼二部，時稱密宗大師。

惠果門下弟子眾多，流派遍域，其中以回國後創日本真言宗的日本僧人空海最為著名。中國密宗東傳海外，在中國卻幾乎瀕於絕響。

在惠果眾多弟子中，劍南（今成都市）惟上值得注意。空海撰文的惠果碑中說他「欽風振錫，渴法負籍」，評價很高。我們可以推測，惟上學成返川，在成都一帶弘法傳教，播下了密宗流傳四川的種子。此後，即出現了四川密教史上兩位祖師式的傳教人物——晚唐五代的柳本尊（八五五～九四二年）和南宋的趙智鳳（一一五九～一二四九年），被稱為「唐瑜伽部主總持王」、「六代祖師傳密印」。在晚唐至南宋近四百年，他們活躍於川西和川中一帶，盛傳金剛界五部密法，留下許多遺跡，大足寶頂大佛灣、安岳毗盧洞等處均為其道場。晚唐以後密宗在四川的傳布，確實是流傳有序，見諸碑史和造像，這是中國佛教史和造像史的重要發現。獨具特色的四川石窟密宗造像的高峰，就在這時出現。

宋代以後，水陸畫盛行於四川，現存許多石窟造像為水陸道場遺跡。四川水陸系統是東川楊鍔結合密宗儀軌而創製發展，因而造出一系列密宗造像來。

四川（及重慶）石窟雕刻藝術，數量之多堪稱中國各省之冠。據初步調查，全省近五十個縣市有比較集中的石窟摩崖造像、窟龕在十個以上的分布地點達一二十多處。這就是說，全省窟龕總數在一千以上。著名的石窟，如廣元皇澤寺和千佛崖，巴中南龕，大足寶頂和北山，安岳臥佛院等，均已被列為國家級重點文物保護單位。這些石窟造像，大多開鑿於盛唐以後。造像的題材內容，有毗盧佛、藥師變、熾盛光佛、華嚴三聖、西方淨土變和觀經變，各種觀世音菩薩（千手千眼、十一面、

◀重慶大足石刻寶頂山柳本尊像（圖中趺坐者）。

▶ 四川廣元皇澤寺大佛窟內正面景觀，大佛後壁有天龍八部浮雕，其布局雕工無不體現藝術家的匠心獨運。

如意輪、數珠手、不空羂索、白衣觀音等），八大菩薩，地藏與十王變，地藏與六趣輪迴變，地獄變，毗沙門天王，八大明王和孔雀明王，訶利帝母，陀羅尼經幢以及寶志和尚、泗州大聖等高僧像。在全國石窟造像中，四川是保存密宗題材最多的一處。這就為研究密宗造像史，提供了一批新資料。

為何飛來峰和居庸關元代造像比較集中？

中國元代盛行的藏傳佛教（喇嘛教）造像，是密宗與西藏本土原始宗教苯教混合的產物。元初，世祖忽必烈為擴大其政治勢力，以喇嘛教為國教，封八思巴為帝師。

喇嘛教造像興起於西藏，又稱藏密，在內地先流行於元大都、上都等地，不久即盛行於東土。明代政府嚴禁漢人信奉喇嘛教，清代喇嘛教流行於滿、藏、蒙族聚集地區。因此，中國內地的元代造像所存無多，現存以杭州飛來峰和北京居庸關較為集中，成為研究元代美術史與宗教史的寶貴實物資料。

作為元大都西北屏障的居庸關，元至正五年（一三四五年）在關城內建三座喇嘛式過街塔（雲台），塔已毀，現存為塔基。雲台捲面及捲洞內浮雕迦樓羅、四大天王、尊勝佛頂曼荼羅、十方佛、千佛以及梵、藏、八思巴、維吾爾、漢、西夏六種文字題刻的《陀羅尼經咒》等，是稀有的元代藝術佳作。

杭州是南宋故都，宋亡後是元代江南釋教總統楊璉真伽的駐在地。元初，楊璉真伽首創營造飛來峰喇嘛教造像，寓有製作新朝造像以厭勝南宋故都風水的政治原因。楊氏作為一代豪僧，「江南諸寺，佃戶五十餘萬」（《元史・成宗記》）。有這樣雄厚的經濟基礎和佛教勢力，集中造出這樣一批元代造像，實非偶然。

飛來峰現存元代漢、藏式造像共六十七龕一百一十六尊像。其中喇嘛教造像大多造於元初。造像題材可分為佛、菩薩、佛母和護法幾大類。佛像分刻藏密各部主佛，如毗盧佛、寶生佛、無量壽佛、釋迦佛，還有大持金剛（勝初佛）等。菩薩像有金剛薩埵（普賢）、文殊師利、獅子吼觀音、多羅菩薩等。佛母像有大白傘蓋佛母、尊勝佛母等。護法像有大黃財寶護法、布祿金剛、雨寶佛母和金剛手菩薩等。此外，還有密理瓦巴像，似為僧像。

◀ 杭州飛來峰西方三聖窟，中間是阿彌陀佛，兩邊脅侍菩薩中，寶冠上有阿彌陀佛者是觀世音菩薩，寶冠上有寶瓶者是大勢至菩薩。

▶ 北京居庸關雲台門洞內石刻天王，是稀有的元代雕刻藝術佳作。

什麼是摩崖造像？孔望山造像表現了哪些早期特點？

摩崖造像一般指在山崖石壁上雕鑿的佛像，主要分布於中國南方各省，如四川各地摩崖造像。這種造像，係摩平崖壁，淺雕佛像，一般沒有形成石窟那樣較深廣的窟室，多供朝拜觀瞻者在露天情況下就地觀賞。

位於江蘇省連雲港市的孔望山摩崖造像，是最近公布的第三批全國重點文物保護單位之一。山上的摩崖造像，是倚借山勢，在高約九公尺多的山崖上，平面淺浮雕成一百零八個人像，最大的身高一・五四公尺，最小的頭像僅十公分。此外，還有圓雕石像和石蟾蜍各一身。

在這批摩崖石刻像中，有一部分造像頭上雕山高肉髻，手勢作右手施無畏印或雙手置於胸前的姿態，結跏趺坐，身後有凹入的身光。雕刻手法多為平面浮雕，風格樸拙，保存基本完好。這些造像，已具

備佛像的基本特徵，應屬佛教造像或受到佛教影響的摩崖石刻，是中國現存較早的一批佛教石刻之一。

除佛教造像外，還有一些世俗形象，如戴冠執戟的官員和男女供養人，同樣為較早的一批石刻造像。

對孔望山摩崖造像的年代、內容等問題，目前學術界還存在不同的看法。如這麼大面積的摩崖造像，有沒有可能是在不同時期內陸續雕就？其雕鑿年代是東漢晚期還是在其以後？造像的題材內容是佛像與世俗造像紛然雜陳還是以佛教石刻為主，包括道教和世俗造像？儘管如此，孔望山摩崖造像畢竟為人們提供了一大批研究中國早期佛教、道教以及世俗造像的珍貴資料，這就為進一步探討中國早期佛、道教造像的內容和形式、中國佛教造像的淵源及傳播路線、早期佛道教造像的關係等一系列課題，增添了新的思路，因而值得重視。

◀江蘇孔望山蟾蜍石刻。
▲江蘇孔望山摩崖石刻，是中國較早的一處佛教摩崖造像。

西夏佛教藝術在榆林窟有何表現？

西夏是黨項族建立的一個封建國家，北宋仁宗景祐三年（一〇三六年）西夏占領瓜、沙二州，前後統治近兩個世紀。西夏崇奉佛教，在其統治區內的敦煌莫高窟和安西榆林窟，繼續興建洞窟，繪製壁畫。

莫高、榆林二窟現存西夏洞窟約七、八十個。莫高窟西夏窟大部分是利用原有洞窟重修，榆林窟西夏窟則大多屬於新建。特別是榆林窟西夏後期洞窟，保存的壁畫十分精美，是西夏佛教藝術的代表作。

榆林窟西夏早期洞窟，較流行的壁畫題材是文殊普賢變和供養人行列，次為西方淨土變和說法圖。壁畫風格接近宋晚期，具有嚴謹、寫實的作風。西夏中期的洞窟數量和壁畫題材減少，但壁畫藝術

上出現了與新疆吐魯番回鶻族高昌壁畫藝術風格相近的作品，如三十九窟的儒童本生故事壁畫，從人物造型到裝飾紋樣，都十分類似柏孜克里克石窟壁畫。這從一個側面，反映了由於絲路再通，河西與高昌地區在政治、經濟和文化上不可分割的關係。

榆林窟西夏晚期壁畫，無論在內容還是技法上，都達到了一個新的高度。這時，西藏密教傳入西夏，榆林窟出現了一些密宗洞窟。如第三窟壁畫以大日如來和觀音為壇主，十九窟有書「秘密堂」題記，二十九窟為中央設壇的密宗洞窟布局，繪有曼荼羅五方佛，是中國現存較早的藏密藝術。三窟千手千眼觀音變中，穿插有打鐵、釀酒、耕種、舂米等勞動生產場面，反映了西夏釀造、耕作、冶鐵等生產技術水平。文殊普賢變具有新的風格，其山水、界畫和人物的造型筆法，顯然是受到宋金畫風的影響。其中，普賢變中還穿插著「唐僧取經」故事：玄奘合掌禮拜，猴狀孫悟空牽馱經白馬，同樣故事還見於二、二十九窟。這是作為繪畫形式的這類故事的最早作品。它把傳說與經變結合起來，是佛教壁畫的新發展。第二窟比較突出的壁畫是水月觀音，畫面較大，描繪觀音在岩石上凝神遐思，色調富麗而沉穩，堪稱西夏佳作。二十九窟壁畫則以供養人行列取勝。人物造型具有黨項民族特徵，衣裙、冠帶、髮式、甲仗的描述反映

了民族風習，更運用多種線描塑造人物形象，在藝術技法上有了新的突破。

榆林窟西夏佛教壁畫，融合了宋畫的筆墨構圖，遼金的造型紋飾，西藏的密教題材和回鶻的服飾，而又突出了西夏特有的風格。這表明西夏民族是一個善於接受其他民族的優點，善於形成自己文化特性的民族。

◀安西榆林窟第三窟壁畫力士圖。
▲甘肅敦煌莫高窟四〇九窟壁畫西夏王妃供養圖。

為什麼說樂山大佛是世界上最大的佛像？

著名的樂山大佛在四川省樂山市東淩雲山西壁，岷江、青衣江、大渡河三江合流處。大佛為依凌雲山棲鸞峰斷崖鑿成的彌勒佛倚坐像，又稱凌雲大佛。

據《嘉州凌雲寺大佛像》記載：樂山大佛為唐開元元年（七一三年）僧人海通主持開鑿，後來劍南川西節度使韋皋於貞元十九年（八〇三年）完成，工程前後進行了九十年。當時大像上覆十三層重樓，取名大像閣，宋代易名為天寧閣，明代時圮毀。

據最新的測繪數據，大佛從頭頂至足底為五八・七公尺，若加上已被毀的蓮花座，大佛通高為七十公尺左右。佛頭高一一・七公尺，臉寬七・八公尺，鼻長三・五公尺，眼長三・三公尺，耳長六・四三公尺，肩寬二十八公尺。大佛頭與山齊，腳踏大江，氣勢宏偉，人稱「山是一尊佛，佛是一座山」，是世界上最大的石刻佛像。

倚山開鑿大型佛像，從北朝後期開始流行。《法苑珠林》記載：「唐并州城西有山寺，名童子，有大像，坐高一百七十餘尺。……（唐高宗）及幸北谷開化寺，大像高二百尺。」這兩尊大像均開鑿於北齊。近年在晉祠附近的蒙山、天童山發現了兩處鑿山而成的大佛，一般認為就是北齊大佛像。河南浚縣大佛，像高二十餘公尺，為倚坐彌勒佛，像鑿成於北齊時期。甘肅武山縣拉梢寺大佛，像高六十公尺，成於北周時期；甘肅麥積山石窟，隋代開鑿了十餘公尺的摩崖大佛。唐代開鑿的大型佛像，均為彌勒佛倚坐像。莫高窟在武周延載二年（六九五年）開鑿了「北大像」，像高三十三公尺；開元年間開鑿了「南大像」，高二十六公尺。陝西彬縣慶壽寺大佛，像高二十四公尺。甘肅炳靈寺第一七一窟大佛，像高二十八公尺。這些唐代大佛像同樂山大佛一樣，開始時像前都有大型樓閣。

從以上開列可以看出，樂山大佛的開鑿不是偶然的，是當時一種社會風氣的反映。

◀▶ 四川樂山大佛，是世界上最大的佛教石刻造像。

中國最大的銅佛像在哪裡？

中國最大的銅佛像，是在西藏日喀則扎什倫布寺強巴佛殿供奉的強巴佛像 。它是在九世班禪卻吉尼瑪時（一八八三～一九三七年），由一百一十名工匠，花了兩年多時間完成的。

「扎什倫布」藏語的意思為「吉祥須彌山」。該寺於明正統十二年（一四四七年）由喇嘛教格魯派（黃教）創始人宗喀巴的弟子根敦朱巴興建。是班禪四世以後歷世班禪舉行宗教和政治活動的中心。

強巴佛像的蓮花寶座高三・八公尺，佛身高二二・四公尺，佛像總高是二六・二公尺，佛面長四・二公尺，耳長二・八公尺，肩寬一一・四公尺，手長三・二公尺，據說佛像的鼻孔內可容一個成年人。佛像全身共用紫銅二十三萬多斤，表層塗金八千多兩。佛眉間白毫用了直徑三公分的大金剛鑽石，佛身上用了直徑一公分的鑽石三十顆，大珍珠三百餘粒，珊瑚、琥珀、松耳石等珠寶一千四百多個。整個佛像顯得華美、壯觀。

為了供奉這尊大銅佛像，於扎寺西側建造了強巴佛殿。它建於一九一四年，歷時四年方完工。大殿高三十多公尺，總面積近八百平方公尺。殿室分為蓮花寶座、腰部、胸部、面部和冠部五大層。

藏傳佛教稱強巴佛為未來佛，認為

五億七千年後他將接替釋迦牟尼佛而成為佛教至尊。在當時建造這尊大像不只是為了禮拜，而且象徵了壓倒一切的勢力，以與前藏的宗教勢力相抗衡。

設計這個大佛像的是索南塔傑（一八六八～一九四三年），他是當時著名的畫師。班禪九世曾賜他六品官銜，並封為畫匠的首席大師傅。當開始建造大銅佛像時，人們認為索南塔傑的設計有問題，佛的頭部和雙耳過於大了，但是當佛像完成時，才感到整個佛的比例十分合適，而且顯得非常生動。

◀ 西藏日喀則扎什倫布寺，始建於明代，是班禪四世以後班禪的宗教和政治活動中心。

▲ 西藏日喀則扎什倫布寺彌勒殿強巴佛，是中國最大的銅佛坐像。

敦煌石室之謎是如何解開的？

「敦煌石室」一般是指敦煌藏經洞，編號是第十七窟。在不到二十立方公尺的藏經洞內，發現了總數四萬五千件以上的遺書、繪畫、刺繡等，這些文物的研究構成了敦煌學的一個主要方面。

這些文物為什麼封存在石室內？又是怎樣被發現的呢？敦煌是古代西北的重鎮，歷來為西北各部族爭奪的目標。每逢大戰亂，管理莫高窟的僧人都要出逃避難，寺院因此而荒蕪。西元十一世紀初，黨項族的勢力日盛，戰爭危及敦煌，僧人們在出逃之前，將大量的經卷、文書、佛像和法器等，放在一個洞窟的附窟內，外面用磚封好，並在磚上覆泥繪上壁畫，看不出有封堵洞窟的痕跡。西元一〇三五年（宋景祐二年），黨項族建立的西夏國，占領了敦煌地區，這個藏經石室得以悄然保存下來。

西夏以後，敦煌日漸衰落。特別是明代嘉峪關以西為吐魯番所占，敦煌和內地的聯繫很少，清初雖然打通了新疆，但主要交通線已經改道，敦煌仍然比較閉塞，這一佛教聖地被人遺忘了。

敦煌重新被世人注意，主要歸於一個道士的偶然發現。清代道光年間，在莫高窟下寺有一個叫王圓籙的道士，他是湖北麻城人，因為家鄉連年乾旱，就跑到西北當了道士。王道士化緣得來一些錢，他決定作「功德」，所以找了一些當地的工匠，把佛窟改造為道教的禮拜場所，然後開始清除洞窟內的積沙。

一九〇〇年五月二十六日上午，當清除第十六窟甬道積沙時，藏經洞被發現了。

由於甬道內長年堆滿了積沙，已對牆壁產生了一種外加的支撐作用，積沙的突然被清除，使九百年前砌造的牆壁裂開了一道大縫。王道士感覺牆後是空的，於是拆除了這面磚壁。一扇緊閉了近九個世紀的小門出現了。打開小門，是一個高約一・六公尺、寬約二・七公尺的石室，裡面散亂地堆滿了數不清的經卷、文書、繡畫及法器等等。

不久，清政府知道了這個發現，但並沒有認識其重要性，又覺得將這些文物運出敦煌花費太大，只是命王道士就地保管。

可是當西方的冒險家得知此事後，紛紛湧入了敦煌。首先到達的是英國的斯坦因，他一九〇七年第一次到敦煌，從王道士手中「收買」了寫本文書二十四箱，繪繡的佛畫五箱；一九一四年，他再次掠走五箱寫本，兩次共掠走文書、遺物一萬多件。一九〇八年，法國人伯希和掠走文書五千件。一九一一年日本人又從王道士處弄走約六百件經卷。其後，俄國人和美國人也相繼來敦煌掠奪文物。清政府迫於國人壓力，將八千六百多件殘卷運到北京，其中一部分又流往海外，剩下的現在存於北京圖書館。

敦煌藏經洞發現的寫本包括漢文的三萬卷，吐蕃文的一萬卷，另外還有梵文、龜茲文、回鶻文、突厥文等文字的寫本，漢文寫本中有佛教經典、儒家經典、社會文書、文集、科技史料等等。藏經洞中還有大量的繪畫和刺繡作品。這些文物對於研究中國歷史、宗教、語言、文學、社會經濟等，都是取之不盡的寶庫，已成為今日「敦煌學」研究的重要資料。

◀二十世紀初敦煌莫高窟藏經洞內景。

▲敦煌藏經洞發現的菩薩像，現藏於英國不列顛博物館。

敦煌學為何風靡世界？

二十世紀初，敦煌藏經洞的被發現，引起了中外學術界的注目。對莫高窟造像、文物內涵的研究，成為了一個獨立的學科，就是敦煌學。敦煌學的研究包括兩個部分，即敦煌石窟的彩塑、壁畫及藏經洞保存的文物。

敦煌莫高窟保存著從十六國到元代一千年間的五百餘個洞窟，四萬五千多平方公尺的壁畫，二千四百餘身彩塑。延續時間如此長、規模如此大、保存如此完好的石窟，在世界上是非常罕見的。這方面的研究主要有石窟的開鑿年代、石窟內各種形象的時代特點、形象的內容考證、藝術風格的演變以及敦煌石窟與其他石窟的關係等問題。這些研究大多涉及石窟內的形象，所以為我們瞭解歷史提供了大量的第一手材料。比如天宮伎樂形象保存了音樂舞蹈史的資料；眾多的建築式樣是建築史可靠的材料；壁畫中的生活場景使我們瞭解當時的社會經濟生活；大量的彩塑和壁畫當然是美術史最直接的資料。另外這些形象還涉及政治、宗教、民族、軍事、科學技術和中外文化交流等等方面。

在敦煌藏經洞內發現了大量的從晉朝到宋朝的寫本、絹畫和刺繡，在中國歷史上沒有一次發現可與之相比。它數量如此大，內容如此豐富，保存如此完整，使我們對歷史有了更深入的瞭解。敦煌寫本以佛經為主，保存了一些久已失傳的經典，還有一些寫本記載了當時的佛教歷史；另

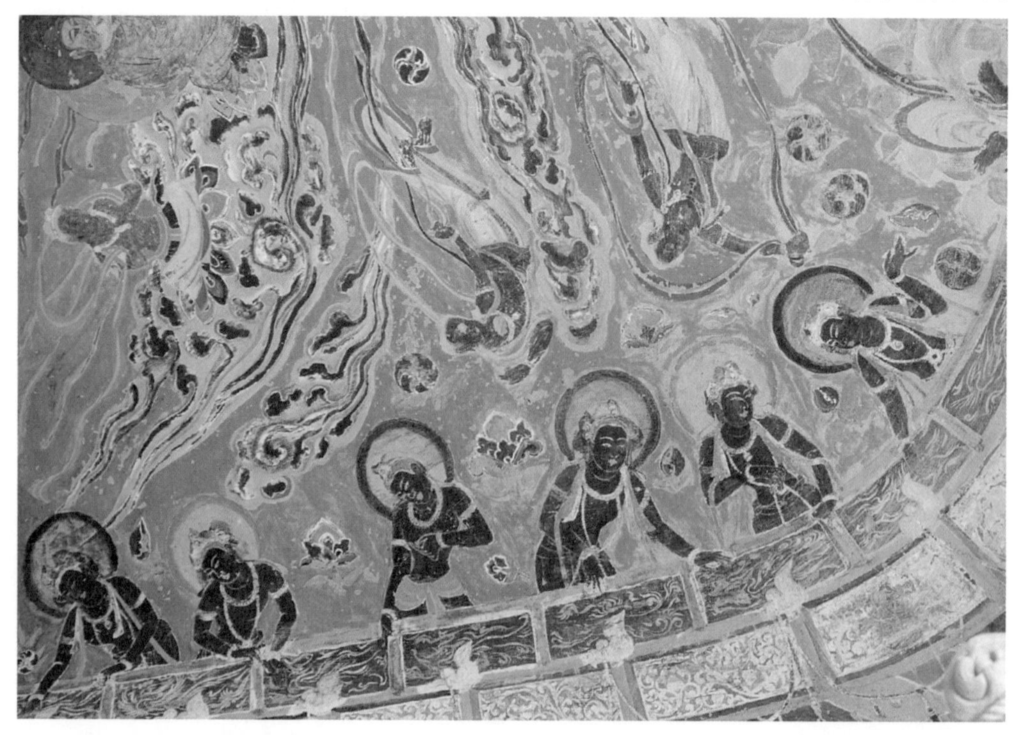

外一些寫本反映了當時道教、摩尼教和景教等宗教的情況。寫本中還保存了大量經、史、子、集，如有久已不存的古本隸書《尚書》、反映西北史地的《沙州志》、古注本《老子》、唐代大詩人韋莊的《秦婦吟》，等等。另外有很多俗文學作品。這些材料涉及了古代哲學、文學和語言學等方面。

寫本中還保存了大量當時的賣田、借貸、賣身等契據和圖經等，這些材料使我們瞭解了古代的土地制度、戶籍制度、歷史地理沿革等很多社會經濟歷史情況。敦煌寫本使用的文字包括漢文、梵文、龜茲文、回鶻文、康居文、吐蕃文等等，這些材料反映了當時西北地區的民族狀況和語言文字情況。

藏經洞發現的唐代咸通九年（八六八年）的《金剛經》刻本，是世界現存最古老的印刷品。寫本所用的紙張和大量的絹，以及有天文曆法和醫學等內容的寫本，是研究古代科技史最可靠的材料。

敦煌寶庫被打開以後，中外學者都進行了大量的研究工作。本世紀二、三十年代，外國學者主要對敦煌遺書進行研究，出版了一批著作，震動了國際學術界，人們為這批研究中國和世界歷史難得的文獻所傾倒。尤其是新中國建立後，中國學者的研究擴大了敦煌學的研究領域，取得了令人矚目的成就。現在，國際敦煌學的繁榮，使敦煌學的研究進入了一個新階段。

◀敦煌莫高窟佛陀出城壁畫。

▲敦煌莫高窟憑欄天女壁畫，初唐時期作品。天女是飛天人物中的女性。

中國寺院布局與宮殿建築有何關係？

外來的佛教建築傳到中國以後，被中國傳統的民族形式所同化，中國宮殿、官署等傳統建築形式逐漸融合到佛寺建築之中，創造出中國佛教建築獨具特色的樣式。

佛寺、石窟寺等宗教建築物，是伴隨著佛教的傳入中國而興起的。印度的佛寺和石窟，平面布局是以圍繞佛塔（窣堵波）作中心，四周布置僧房、佛殿的格局。窣堵波是為瘞藏佛的舍利和遺物而建造的。這種情形，傳到中國就有了改變。

中國見於記載的最早佛寺，是東漢永平十年（六七年）的洛陽白馬寺，係利用原來接待賓客的官署——鴻臚寺改建而成的。西元二世紀末，笮融在徐州建浮屠祠，下為重樓，上累金盤，中置金銅佛像，應為中國文獻中關於建寺造像最早的明確記載，也是中國樓閣式木塔的萌芽。利用官署改建佛寺，塔與木構樓閣相結合，印度式的寺塔形制從傳入中國伊始，就已在開始改變自己的形象了。

西晉、十六國時期以來，中國的都城和宮殿建築，逐漸完善其規制。其中最值得注意的是曹魏時改建的鄴城，該城主殿居於全城南北中軸線上，這是中國歷史

上第一座輪廓方正，設置中軸線的都城。在這種都城宮殿格局的影響下，當時各地大量興建的佛教寺、塔和石窟，也逐漸採取中國宮殿官署的沿中軸線部署的院落式格局。如最著名的佛寺——北魏洛陽永寧寺，平面採取在中軸線上布置主要建築的規制，前有寺門，門內建塔，塔後建佛殿。居中的永寧寺大塔，平面方形，四面開門，為九級樓閣式木塔，高四十餘丈，可能是歷史上最高的木結構建築，堪稱這一時期佛寺布局的典型。

中國早期佛寺的平面布局，仿照印度的式樣，以塔藏舍利，供佛教徒禮拜，所以塔位居佛寺中心，成為寺的主體。此後建佛殿以供奉佛像，塔與殿並重。以北魏永寧寺為代表的平面方形，設置中軸線，主體建築位於寺中央的布局規制，正是從印度佛寺受到啟示，同時結合漢族傳統禮制建築而發展起來的。

隋唐佛寺繼承了魏晉南北朝以來的傳統，平面布局採取以殿堂廊廡等組成以庭院為單元群落方式，井然有序，分區明確。這時，供奉佛像的佛殿已成為寺院的主體，有的在寺旁建塔，另成塔院。這與印度佛寺以塔為中心做法，有了很大的不同。宋代以後，較大的佛寺多將塔建於佛殿之後。

◀ 河北承德外八廟普陀宗乘廟，仿照西藏布達拉宮建造，故又稱小布達拉宮。

▲ 巍峨宏偉的西藏布達拉宮金頂群，體現了寺院與宮殿建築藝術的完美結合。

中國最早的佛寺在哪裡？

佛教在東漢時期傳入中國，東漢明帝時在首都洛陽營建了中國第一座佛寺——白馬寺。據說寺之得名，是因為漢明帝遣使求法，佛經由白馬背負而至，故取名白馬寺。

當時白馬寺的建造仿照印度祇園精舍，寺中為塔，佛殿內有壁畫。由中天竺來中國傳法的僧人攝摩騰和竺法蘭就居於此，譯出了《四十二章經》，這是現存中國第一部漢譯佛典。東漢時絕大部分佛經都在洛陽翻譯，白馬寺是最重要的譯經場所。魏晉時期，重要經典仍在此翻譯。到了唐代，白馬寺的規模有了較大的發展，武則天執政後，成為宮廷的重要寺院。後世該寺屢有興衰，現存建築多為明、清興建。

中國南方最早的佛寺是建初寺，相傳是孫權在三國吳赤烏十年（二四七年）為僧人康僧會在建業（今南京）營建。康僧會對江南地區佛教的發展有很大影響。西晉時期，僧人帛屍梨密多羅在該寺譯出了

《大孔雀王神咒經》等密教經典，為密教傳入中國之始。南朝僧祐在建初寺完成了著名的《出三藏記集》。該寺早年被毀，今不存。

中國現存最早的佛寺，是山西省五台縣的南禪寺。該寺正殿建於唐德宗建中三年（七八二年）。晚唐時佛寺因遭「會昌滅法」，大都被毀掉了，因為南禪寺地處偏僻才能得以倖存。大殿面寬進深各三間，殿內無柱，梁架結構簡練。大殿內有佛壇，壇上排布十七尊彩塑，基本上未經後世改動，是唐代雕塑藝術在中原地區的少數遺存之一。現在寺內其餘各殿，是明、清時期的建築。

◀ 山西五台山南禪寺，是中國現存最早的一座木結構寺廟建築。

▶ 河南洛陽白馬寺山門前的宋雕石馬。白馬寺是中國營建的第一座佛寺。

什麼是中國佛教四大名山？

四大名山是中國佛教所傳四個菩薩分別顯靈說法的道場，它們是山西省五台山、浙江省普陀山、四川省峨眉山和安徽省九華山。其中以五台山最為有名，明代曾有「金五台，銀普陀，銅峨眉，鐵九華」之說。

五台山，在山西省五台、繁峙兩縣境內，屬太行山一個支脈。相傳是文殊師利菩薩應化的道場。因為「歲積堅冰，夏仍飛雪，曾無炎暑」，所以又稱「清涼山」。山由五座山峰環抱而成，峰頂寬平如台。北魏時期就在此建造佛寺。北齊時，五台寺院達二百餘座。隋文帝時，又下詔在五個台頂各建一寺。唐代關於五台山為文殊菩薩顯靈說法之地的傳說更加廣為流傳，獅子國（今斯里蘭卡）、南天竺（今印度南部）和日本等國的僧人亦來此朝拜。此時寺院已臻極盛，規模宏大。敦煌莫高窟現存的《五台山圖》，反映了五代時期五台山寺院的興盛場面。宋、元、明以及清初，各代皇帝均曾敕建寺院。據新中國成立初期統計，全山有漢僧寺院九十七處，喇嘛寺二十五處。現存寺廟台內有顯通寺、塔院塔等三十九座，台外有佛光寺、南禪寺等八座。五台山還保存了大量的具有很高歷史、藝術價值的雕塑、碑刻、墓塔及佛經等。

普陀山，在浙江省普陀縣，為舟山

群島的一個島，相傳此處是觀音菩薩顯靈說法的道場，唐代以前本稱梅嶺山。傳說唐大中年間有一印度僧人來此，親睹觀音菩薩現身說法，授以七色寶石，故稱此地為觀音顯聖地。佛經有觀音住南印度普陀洛伽山之說，故略以稱島。五代時，日本僧人慧鍔從五台山得觀音像取歸回國，船至此遇風不能進，遂留像創建不肯去觀音院。自北宋以來，該山觀音信仰日盛，寺院漸增，僧眾雲集。明、清兩代更是大力興建寺院，著名寺院有普濟寺、法雨寺和慧濟寺等。宋代以後，凡往來於日本、朝鮮等國的海上行旅，常常在此候風，禮拜觀音，祈求平安。

峨眉山，在四川省峨眉縣西南，因山勢逶迤，兩峰對峙如娥眉而得名。相傳是普賢菩薩顯靈說法的道場。傳說古時有一翁入山採藥，見到了普賢菩薩。此山在魏晉時開始建造佛寺，著名者有黑水寺和普賢寺。唐、宋時期增修寺宇，北宋太平興國六年（九八〇年），造了一尊重達六十二噸的普賢銅像置於白水寺（今萬年寺）。現存建築多為明、清建造，較重要者有萬年寺、報國寺、光相寺等。傳說光相寺是普賢菩薩示現的靈場。

九華山，在安徽省青陽縣。原名九子山，傳說李白以山有九峰如蓮花而改名九華山。相傳為地藏菩薩顯靈說法之道場。傳說地藏菩薩降生於新羅王族，名金喬覺，於唐天寶年間航海至此，貞元年間圓寂於此山中。山上寺院八十餘所，其中以化城寺為中心，相傳此處為地藏菩薩成道處。

◀ 山西五台山，佛教四大名山之一，相傳是文殊菩薩顯靈說法的道場。

▲ 四川峨眉山金頂。峨眉山，佛教四大名山之一，相傳是普賢菩薩顯靈說法的道場。

中國唐代建築的代表是什麼？

中國唐代佛教興盛，營建了無數的寺院，但是這些建築由於年代的久遠，因自然災害及人為破壞等原因，能夠保存到今天的已經微乎其微了，只有五台山南禪寺大殿和佛光寺大殿等少數唐代殿宇得以倖存。

南禪寺在距五台縣城西南二十二公里的李家莊。寺院規模很小，是五台山最小的寺廟。主殿大佛殿為唐代遺存，龍王殿為明代所建，其餘殿宇均是清代建築。

南禪寺大佛殿的創建年代不詳，大殿橫梁上保存了一處墨書題說，上書「……因舊名，時大唐建中三年，歲次壬戌……重建殿」，由此可知現存大殿重建於唐德宗建中三年（七八二年）時，距今已一千二百餘年，是現存最早的唐代木結構建築。

大殿建在方整寬敞的平台上，面闊三間，寬十一公尺，進深三間。殿頂為單簷歇山頂，舉折相當平緩；大殿的出簷深遠翼展；一對高大的吻矗立在屋脊兩端，氣勢非凡。整個大殿顯得莊重、古樸、堅實。大殿共用十二根簷柱，屋頂重量通過梁架由簷柱負擔，殿內無柱，顯得十分寬敞。柱頭上的斗拱層層疊架、層層伸出。大殿於二十世紀七〇年代落架重修。

寬敞的大殿內設一佛壇，壇長八・四公尺，寬六・三公尺，高〇・七公尺。壇上安置了彩塑十七身，主像是釋迦牟尼佛，兩旁是騎獅文殊和乘象普賢。壇上各像儀容豐滿，神態逼真，服飾鮮明。佛像安詳端莊，菩薩豐滿優美，弟子虔誠恭謹，天王威武雄壯。這些精美的彩塑基本上未經後代改動，是唐代藝術品中不可多得的傑作。

佛光寺在五台縣城東北三十二公里的佛光山腰。寺三面環山，因山勢而成層層疊高的三層院落。

據文獻記載，佛光寺始建於北魏孝文帝時期，隋唐時期極為興盛，屢見於各種傳說。唐代曾建九間大殿，後遇唐武宗會昌五年（八四五年）滅法，全寺被毀。唐宣宗時「再崇釋氏」，大中十一年（八五七年），女弟子寧公遇出資，由願誠和尚主持，在原有殿址上修建了現存的正殿東大殿。以後宋、金、元、明、清各代也都有營建。

東大殿位於最後一層院落，位置最

高，雄視全寺。殿身面寬七間，進深四間，單簷廡殿頂。前簷當中五間安有大型板門，兩盡間裝直櫺窗。殿內外柱上有古樸的斗拱承托上部梁架和深遠翼出的屋簷。殿內天花板將梁架分為明和草兩部分。殿脊兩端，裝飾了高大的琉璃鴟吻。整個大殿顯得蒼勁壯麗，是唐代建築的典型代表。

大殿中央設一寬及五間的大佛壇，壇上置塑像三十五身。釋迦牟尼佛、彌勒佛和阿彌陀佛坐像各高六公尺，居主要位置。旁邊塑菩薩、供養人和金剛等。殿內還塑了建造大殿的主持人願誠法師和建殿女施主寧公遇的等身寫實像。東大殿的唐塑塑工精細，軀體比例適當，雖表面經後代重繪但仍不失為唐代藝術珍品。

唐代佛殿多以壁畫作裝飾，現在東大殿的佛座背後和拱眼壁上還殘留了一部分，亦堪稱精品。佛光寺內還保存了唐代石經幢兩座，因而唐代東大殿、殿內壁畫及經幢，被稱為「唐代三絕」。

◀山西五台山佛光寺文殊殿斗拱。

▲山西五台山佛光寺主殿東大殿。根據殿前石經幢的記載，它建於唐大中十一年（八五七年）。

中國宋、遼建築的代表是什麼？

中國現存宋、遼時期的佛教建築，著名的有河北省正定縣的隆興寺，浙江省寧波市的保國寺，天津市薊縣的獨樂寺和山西省大同市的華嚴寺等。

隆興寺，俗稱「正定大佛寺」，在河北省正定縣城內。原名龍藏寺，創建於隋開皇六年（五八六年），著名的龍藏寺碑尚存寺內。宋太祖開寶四年（九七一年），敕命在寺內鑄大銅菩薩一身，遂大事擴建，更名「龍興寺」。現在尚存山門、摩尼殿、慈氏閣和轉輪藏殿四座宋代建築。寺院雖經元、明、清幾代重修，但仍較完整地保存了宋代的總體布局。清代康熙年間改為「隆興寺」。

全寺主體建築為大悲閣，一九四四年曾重修。閣高三十三公尺，五簷三層，閣內供一高達二十二公尺的銅製千手千眼觀音立像，是中國現存第二高度的銅立像。此外，寺內的宋代壁畫、轉輪藏殿等也都各具特色。

保國寺，在浙江省寧波市西郊的靈山山腰。寺院創建於唐，初名「靈山寺」，會昌五年（八四五年）被毀。唐廣明元年（八八〇年）復建，改名為「保國寺」。現存大殿為北宋真宗大中祥符六年（一〇一三年）所建，是浙江地區保存至今的最古老木構建築。殿面闊、進深各三間，進深大於面闊。單簷歇山屋頂，瓜稜形內

柱。大殿布局具當時南方佛殿的特點。

獨樂寺，在天津市薊縣城內。始建於唐，遼聖宗統和二年（九八四年）重建，現存遼代建築有觀音閣和山門。

觀音閣是全寺的主體建築，高二十三公尺，上下共三層，面闊五間，進深四間，是中國現存最古老的木結構高層樓閣。閣內中央佛壇上有高十六公尺的十一面觀音立像，為遼塑精品，是中國現存最高的古代泥塑。

華嚴寺，在山西省大同市城區西部。全寺分上寺和下寺兩組建築群。寺內主要殿宇均面向東方，這與契丹族崇拜太陽、以東為上的習俗有關。

上寺大雄寶殿始建於遼代，遼末毀於戰火，金代天眷三年（一一四〇年）依舊址重建。大殿面闊九間，進深五間，是中國現存最大的佛殿之一（另一座為遼寧義縣奉國寺大殿）。

下寺主殿為薄伽教藏殿，遼興宗重熙七年（一〇三八年）修建。殿面闊五間，進深四間，單簷九脊頂，梁架舉折平緩，出簷深遠。整個建築結構嚴謹，是中國遼代建築的代表作。殿內建凹字形平面的佛壇，壇上有三十一尊遼代彩塑，表情生動，技法嫻熟。殿內沿牆設重樓式藏經櫃三十八間，稱為「天宮壁藏」，製作精巧，按原尺寸縮小，是中國僅存的遼代壁藏模型。

◀ 天津薊縣獨樂寺觀音閣。觀音閣的斗拱繼承了唐代建築的特點，粗大雄偉，起著承重作用。因位置和功能的需要不同，觀音閣的斗拱共有二十四種不同的結構。這些和其他構件配合，構成了觀音閣優美挺拔的整體造型。

▲ 河北正定隆興寺摩尼殿。

中國元、明建築的代表是什麼？

元代和明代因距今時代較近，保存下來的佛教遺存也較多，著名者有山西廣勝寺、北京法海寺和西藏地區的薩迦寺、哲蚌寺等多處。

廣勝寺，在山西省洪洞縣東北十七公里的霍山南麓。寺分為上寺、下寺和水神廟三處。上、下寺為佛寺，始建於唐代以前，元大德七年（一三〇三年）被地震毀壞，隨之重建。現存主要建築多建於元代。

廣勝上寺雖然大部分經明代重建，但總體布局仍沿襲元代。毗盧殿五間為元代遺存，結構奇特。廣勝下寺的建築主要建於元代，有山門、前殿、後殿和朵殿等。山門高聳，三間見方，造型別致。前殿五開間，懸山式，殿內僅用兩根柱子，設計很精巧。後大殿建於元至大二年（一三〇九年），七間單簷，懸山式，殿內有元代佛和菩薩塑像。殿內四壁元代曾滿繪壁畫，一九二八年被盜賣出國，現僅殘存一小部分。兩個朵殿為元至正五年（一三四五年）建。

水神廟供奉的是水神明應王，大殿稱為「明應王殿」，元代延祐六年（一三一九年）建造。殿內保存了繪於元泰定元年（一三二四年）的戲劇壁畫等多幅元代精美壁畫，具有很高的歷史與藝術價值。

法海寺，在北京市石景山區翠微山麓的模式口村。建於明正統四年（一四三九年），為御用監太監李童集資興建的。寺雖經後世修繕，仍具明代早期的建築特

點。大雄寶殿面闊五間，廡殿頂，外貌金碧輝煌。殿內保存了明代繪製的巨幅壁畫，內容為佛、菩薩和神將諸天形象，是明代壁畫的珍品。

西藏地區的喇嘛教，由於得到了元朝統治者的提倡而迅速發展，並且興建了很多寺院。

薩迦寺，在西藏薩迦縣的本波山下，是藏傳佛教薩迦派的祖寺。仲曲河將全寺分為南北兩寺，北寺今已毀，南寺尚存。據傳說，北宋熙寧六年（一〇七三年）薩迦派祖師貢卻傑布主持修建北寺。元代至元六年（一二六九年），徵集十三萬戶民工，在元朝朝廷的資助下修建了薩迦南寺。

薩迦南寺的大殿高十一公尺，總面積約五千七百平方公尺，有柱子四十根。大殿前部為佛堂，殿後部為藏經庫，收藏了大量元代的佛經，以及有關歷史、文學、曆法等方面書籍，藏書數量之多為西藏諸寺之冠，堪與「敦煌石室藏書」媲美。大殿還保存了元代的唐卡、法器等文物。

哲蚌寺，在西藏拉薩市西郊，是藏傳佛教格魯派最大的寺院。明永樂十四年（一四一六年）由宗喀巴弟子興建。該寺是歷代達賴喇嘛的母寺，所以在格魯派中地位最高。全寺分為四個札倉（經學院），可容僧人近萬名。主要建築大經堂，雄偉壯觀，可容八千僧人。寺內還收藏了大量古代西藏的歷史文獻和佛教經典等。

◀ 北京市法海寺壁畫。法海寺建於明正統年間，明英宗賜名「法海禪寺」。法海寺以大雄寶殿內保存完整的明代佛教壁畫聞名遐邇。

▲ 山西洪洞廣勝寺飛虹塔。廣勝寺現存主要建築多建於元代，是元代佛教建築的傑作。

西藏佛寺和外八廟的建築有何異同？

西元七世紀，西藏吐蕃王朝松贊干布時期，佛教從印度和漢地兩個方面傳入西藏，松贊干布與尼泊爾尺尊公主和唐朝文成公主聯姻。兩位公主都從自己的家鄉帶來一尊佛像，並開始在吐蕃興建早期佛寺。

西藏早期佛寺均經歷代重建，現存較早的喇嘛教建築，是元代興建的薩迦寺和夏魯寺。薩迦寺建於西元十三世紀中葉，分為南北兩處，北寺建於山上，現存南寺。夏魯寺原為萬戶府的一部分，建於十四世紀中葉。寺有城牆環繞，主要建築是夏魯杜康，由門廊、經堂和佛殿三部分組成。佛殿前有圍廊環繞的庭院，這種建築形制到明清時期發展成格魯派的「札倉」（經學院）。建築結構採用木柱、密梁和平頂，但覆以漢族形式屋頂，其斗和琉璃瓦式樣為元代內地的典型手法，是當時漢、藏兩族建築的巧妙結合。

明清時期的西藏喇嘛教建築，在元代的基礎上進一步發展，拉薩布達拉宮為其典型代表。布達拉宮現存建築是清順治

二年（一六四五年）五世達賴喇嘛時期修建。布達拉宮的藝術處理手法，是利用山峰緣山修築，高達二百餘公尺，外觀十三層，主體建築（紅宮和白宮）則高聳於山頂，控制全部建築群，石城牆和城門圍繞全宮。桑耶寺的整體布局，則按照佛教世界觀構想：主殿三層（下層藏式，中層漢式，上層印度式）象徵須彌山，四方四個佛殿象徵四大部洲，周圍還有象徵八小洲和日月的建築。

河北承德的喇嘛教寺院，是十八世紀起建造的山地建築，現存八座，即溥仁寺、普寧寺、普佑寺、安遠廟、普樂寺、普陀宗乘廟、殊象寺和須彌福壽廟，俗稱外八廟，即長城離宮外的佛寺。其中普陀宗乘廟是仿照布達拉宮、須彌福壽廟是仿照日喀則扎什倫布寺建築的。

承德外八廟建築的形式，和西藏本土以及藏傳佛教地區的佛寺建築不盡相同。它是吸取了西起西藏、新疆，北到蒙古，東南到浙江等許多著名建築的特點，集中當時建築上成功的經驗而建造，反映了民族文化的交融。

外八廟建築的總體布局，依山勢而結構。建築群落大部分採用漢族傳統的對稱方式，有的寺院還附有山石花木，頗具江南園林的情趣。主體建築大都建在寺中最高處，引人入勝。其中，普陀宗乘廟和須彌福壽廟的前面部分採取對稱處理，其他部分隨地形而變化。這兩處寺院還在模仿藏族寺院形式的基礎上，加上若干漢族建築的手法，給人以雄壯而活潑的印象。

◀河北承德外八廟普陀宗乘廟五塔門。
▲河北承德外八廟之普寧寺。

佛塔是如何起源和演變的？

佛塔起源於印度，起初是保存或埋葬釋迦牟尼舍利的建築物。據佛教文獻記載，釋迦牟尼去世後，他的遺體被火化，結出許多晶瑩明亮、擊之不碎的珠子，這就是舍利。這些舍利被當時的八個國王取去，分別建塔加以供奉。

另外，在釋迦牟尼一生中有紀念意義的八個地點（如誕生處、成道處、初轉法輪處和涅槃處等），建造了八大靈塔，這是屬於紀念性的了。印度在阿育王統治時期，佛教被列為國教，塔的建立達到了空前的高潮，在孔雀王朝所統領的八萬四千個小邦中國，各國都要建造寺塔。現存時代最早的塔就是始建於阿育王時期。

早期的佛塔是一個半圓形的大土塚，稱為覆缽式窣堵波，完全是墳墓的形式。現存比較完整的桑奇大塔，中央是覆缽形塔體，塔頂上有方形平台和三層傘蓋，塔的底部有基台和圍欄，前面有級梯上下。最外層還有一圈繞塔圍欄，圍欄的四面各有一個牌坊狀塔門。

印度還有一種建在石窟內的佛塔，稱為「支提」。塔在窟的後部，塔前有一個較大的場所，僧人們在此舉行禮佛集會。這種形式傳到中國後，塔發展為立在窟中央，並且塔頂與窟頂相連，成為中心塔柱。

在中國，一般立在寺院中的塔是由覆缽式塔發展、演變而來。東漢時期，隨著佛教傳入中原，佛塔的建造也開始了。我們早期的佛塔，基本上都是中國建築形式的樓閣式塔，比如《三國誌》記載的東漢末年笮融在徐州建造的佛寺，其中的塔為重層樓閣式。

為什麼佛塔到中國後改變了印度的覆缽形，而變為了樓閣式呢？主要原因是：塔是埋葬佛舍利的地方，是神聖的，應該用高貴的建築形

式。中國在秦皇、漢武時期迎候仙人修建的是高樓台閣，所以供奉佛的時候也用了這種高級別的建築。另外人在引領望高塔時易產生一種心理變化，從而增加了許多神秘與敬畏。

印度的覆鉢式塔在中國並沒有絕跡，不過是變為了中國式塔的一部分。塔一般分為地宮、塔基、塔身和塔剎幾個部分。塔是用於埋葬佛舍利的，所以採用中國的陵墓地宮、墓穴的方式修建了地宮。塔基是整個塔的下部基礎，覆蓋在地宮上。塔身是塔結構的主體，內部結構有實心和中空兩種，有些塔的塔身為覆鉢式。塔剎立於塔的頂部，本身也像一座小塔，分為剎座、剎身和剎頂。

塔和寺院關係非常密切。中國早期的寺院是以塔為中心，塔的後面建佛殿，四周還有其他的僧房樓觀。歷史上有名的洛陽永寧寺和應縣木塔所在的佛宮寺都是這種布局，日本的寺院受中國影響，很多布局也是如此。從唐代開始，佛殿的地位升高，出現了殿塔並列；後來又發展為塔被排出寺外，建於寺旁、寺後，或另建塔院，現存的佛塔多是這種安排。

◀ 雲南景谷大寨佛寺的樹包塔，圖中菩提樹由寶塔周圍竄生而出，不礙塔身且不影響自身生長，蔚為奇觀。

▲ 浙江杭州六和塔，始建於北宋年間，後毀於兵火，南宋時期得以重建。

中國佛塔主要有哪幾種類型？

佛塔的分類方法有多種：從平面形狀來看，有四方形塔、六角形塔、八角形塔和圓形塔等；從立體上看，有單層塔，三、五、七、九層塔等；從建築材料上分，有木塔、磚塔、鐵塔、琉璃塔等。

一般佛塔分類是以其結構和外型為標準的，可以分為樓閣式塔、密簷式塔、亭閣式塔、花塔、覆鉢式塔、金剛寶座式塔、過街塔及塔門等，另外還有一些數量雖少但造型奇特的塔。

樓閣式塔，它的形式源於中國傳統建築中的樓閣，這種塔在中國古塔中歷史最久，形體最高大，保存數量也最多。早期的樓閣式塔都是木製，易毀於火災，所以實物沒有能夠保存到現在。隋唐以後，多用磚石為建塔材料，出現了以磚石仿木結構的樓閣式塔。

隋唐以後的樓閣式塔保存至今的有很多，著名的有西安大雁塔、玄奘塔，蘇州虎丘塔，杭州六和塔，廣州六榕寺花塔，定縣料敵塔，北京良鄉塔，銀川海寶塔，等等。另外，應縣木塔是僅存的木構樓閣式塔。

密簷式塔，因塔外簷層數多而得名。早期著名的密簷塔有登封嵩岳寺塔、西安小雁塔、大理千尋塔等。遼代以後，密簷塔在華北、東北地區有很大發展，一直到明代以後仍有修建。而南方仍以樓閣式塔為主流。這個時期著名的有北京天寧寺塔、燃燈塔，正定臨濟寺青塔，錦州廣濟寺塔、崇興寺雙塔，遼陽白塔等。

亭閣式塔，在中國起源也很早，宋代以後逐漸衰落。這種塔結構簡單，費用不大，所以多為一般平民和僧人修建。亭閣式塔的塔身是一方形、六角形、八角形或圓形的亭子形狀，都是單層的。在塔身上設龕供像。著名的塔有山東歷城四門塔、長清靈巖寺慧崇塔、河南安陽修定寺塔、五台佛光寺祖師塔等。

花塔，因塔身的上半部裝飾各種繁複的裝飾，看去好像一個巨大的花束而得名。這種塔主要流行於宋、遼、金時期，元代以後就不見了。現存的花塔數量很少，全國也不過十餘處，著名的有河北正定廣惠寺花塔、豐潤車軸山花塔，甘肅敦煌城子灣花塔等。

覆鉢式塔，又稱喇嘛塔或藏式塔，這是因為喇嘛教建塔常用這種形式。這種塔的塔身是一個半圓形的覆鉢，這當然是源於印度佛塔的形式。覆鉢上是巨大的塔剎，覆鉢下建一個高大的須彌塔座。這種塔在元代開始流行，明、清時期繼續發展，這是和喇嘛教在當時盛行相聯繫的。著名的塔有北京妙應寺白塔、北海瓊島白塔，山西五台山塔院寺白塔，揚州瘦西湖蓮性寺白塔等。

金剛寶座塔，源於印度佛陀伽耶的金剛寶座塔。塔的下部是一個巨大的金剛寶座，座的下部有門。寶座上建五個小塔，供奉佛教密宗金剛界五部主佛舍利。這種塔在中國從明代以後陸續有修造，但是數量很少，全國現存十多處。著名的有北京真覺寺金剛寶座塔、碧雲寺金剛寶座塔，山西五台圓照寺金剛寶座塔，湖北襄樊廣德寺多寶佛塔，內蒙古呼和浩特慈燈寺金剛寶座舍利塔等。

過街塔，就是建於街道中或大路上的塔。塔門是把塔的下部修成門洞的形式。有些過街塔下，可通車馬行人，而塔門一般只容行人通過，不行車馬。這兩種形式的塔在元代開始出現。現存數量很少，著名的有北京居庸關過街塔座、鎮江雲台山過街塔，在承德普陀宗乘廟內外建有一些塔門。

中國佛塔的種類還有：寶篋印經塔，又稱阿育王塔，如潮州開元寺塔；濟南歷城的九頂塔；遼寧義縣的圓筒塔；以及鐘形塔、球形塔、經幢式塔、闕形塔、高台列塔等等。

◀ 河北正定廣惠寺花塔，因塔身上半部裝飾繁複看似花束而得名。

▲ 江蘇蘇州虎丘塔，磚砌仿木結構樓閣式建築，是中國著名的斜塔。

中國現存最古的磚塔在哪裡？

河南省登封市的嵩岳寺塔是中國現存最古老的磚塔，也是中國現存大型古塔實物中年代最早的。漢、魏時期，塔多是木構樓閣式，嵩岳寺塔是由木構向磚石結構過渡的早期實例，非常值得重視。

塔所在的寺院名嵩岳寺，始建於北魏永平二年（五〇九年），原是宣武帝的離宮，後來才改建為寺院。到了正光元年（五二〇年），寺改名為「閒居寺」，並大加增建，塔就修建於此時。隋代將寺院改名為嵩岳寺，唐代以後這所古剎逐漸衰落了，現在除山門和一些殘碑斷刻之外，僅存這一古塔。

嵩岳寺塔是密簷式塔，這是已知最早的密簷塔。塔的總高度約三九・八公尺，底層直徑一〇・六公尺，全塔除塔剎和基石之外，均以磚砌築。

塔的下部是低平的基台，台上建塔身，塔身平面呈十二邊形，這在全國是唯一的例子。第一層塔身特別高大，用疊澀平座將之分為上下兩段，在四個正面開了貫通上下段的塔門。下段的其餘八面都是素面平磚，沒有加以裝飾。上段是整個塔裝飾最集中的地方，除四個塔門門拱頂上裝飾尖頂券面以外，其餘的八面各砌出單層亭閣式方塔壁龕，裝飾壺門和獅子。上段十二個轉角處各砌一個八角倚柱，柱礎是蓮瓣形，柱頭雕出火珠、垂蓮。第一層塔身以上，疊澀出密簷十五層，每層塔簷之間距離甚短。每層的十二個面都各設三個小窗，有些是供通風和採光之用，多數是裝飾性盲窗。塔剎用石雕刻而成。剎座是巨大的仰蓮瓣組成的須彌座；須彌座上承托著梭形的七重相輪組成的剎身；剎頂是一個巨型的寶珠。這種形式的塔剎，被後來的磚石密簷塔所沿用。

嵩岳寺塔的外形流暢、秀麗，藝術成就非常高，同時它的設計和施工也是非常優秀的，使得這座古塔保存至今。

◀ 北京潭柘寺塔林內的遼代九級密簷磚塔。

▶ 河南登封嵩岳寺塔，是中國現存最古老的磚塔，其十二角面的塔體構築乃建築史上的罕見之作。

中國現存最大的木塔在哪裡？

中國現存最大的木塔位於山西應縣，名叫佛宮寺釋迦塔。該塔也被稱為應縣木塔。應縣木塔高大宏偉，不僅為中國現存木構建築之最，也是世界上現存最高大的古代木構建築。

應縣木塔建於遼代清寧二年（一〇五六年），距今已有九百多年。木塔位於佛宮寺中軸線的中部，塔的後面是大殿，構成了以塔為中心的寺院布局。這種布局是早期寺院的主要布局形式，到唐代開始有所改變，佛宮寺是這種布局現存時代最晚的一例。這個寺院在金、元時期規模很大，明、清以後大為縮小。雖然寺院中其他的建築物先後毀壞，但是木塔卻始終安然無恙。

木塔是樓閣式塔，總高度是六七・三一公尺，其中塔剎高達十公尺。塔的底層平面是八角形，直徑三〇・二七公尺，是古塔中直徑最大的。塔建在一個外包磚石的夯土高台上，檯子高四公尺多，分上、下兩層，下層方形，上層是八角形。在高台上建木結構塔身。塔身從外部看是五層樓閣，實際上內部一至四層，每層又有暗層，所以是九層。

塔的第一層南門開塔門，進門迎面有一尊高約十公尺的釋迦像，頂部是精美的藻井。門洞兩壁、門額和內槽牆壁上都繪製了壁畫。在第一層的西南有木製樓梯登樓。樓上的四個正式樓層，都在中央位置建壇，壇上塑造密宗題材的佛和菩薩，頂層塑大日如來像。壇周圍有通道，可以繞壇觀像。每一樓層都寬敞明亮，在各層塔身的四個正方向當中開門，可以走塔身，塔身外有寬廣的平座和欄杆，人們可以循欄周繞，眺望周圍景色。

一九七四年，在維修古塔的過程中，發現了一批重要的文物，其中以遼代佛教經卷為主，都是塔中佛像胎內藏的原物。這批文物對中國佛教雕版和印刷工藝發展史的研究都有重要意義。塔內各層的塑像，是研究遼代密宗造像的重要實物。

◀山西應縣木塔，是中國現存最大的木塔。
▶為山西應縣木塔斗拱。

什麼是鐵塔和繁塔？

鐵塔和繁塔都在河南省開封市，即北宋都城汴梁的所在地。鐵塔其實並不是鐵鑄的，而是一座磚塔，外部用紅、褐、藍、綠幾種顏色的琉璃磚砌築裝修而成。它的紅褐色調，從遠處望去酷似鐵色，所以塔被誤稱為鐵塔。

鐵塔建於北宋皇祐元年（一〇四九年），近千年來屢遭磨難，地震和暴雨不計其數，特別是清道光二十一年（一八四一年）黃河氾濫，水淹開封，鐵塔一大段沒於水中，可鐵塔依舊巍然挺立。鐵塔已成為開封市的象徵。

鐵塔是八角形十三層的仿木構樓閣式塔，高度是五四・六六公尺。塔用磚砌成，磚外包了琉璃磚瓦。塔身外部砌出了仿木構的門窗、柱子、斗拱、塔簷等形式。塔身外壁、角柱、門窗和額枋等仿木構琉璃構件上，均有精美的裝飾花紋，達五十餘種之多，主要有佛像、菩薩、飛天、力士、伎樂、牡丹花和蓮花等等。開封鐵塔是中國現存最早最大的琉璃建築物。

現存的鐵塔，已經看不到塔座了，其實鐵塔有一個高大的石刻須彌座，但是由於歷史上黃河多次氾濫，泥沙把塔基埋沒了。

繁塔的「繁」，不讀繁榮的「繁」，而是讀作「po」。此塔原名興慈寺塔，只是由於塔的所在地叫繁台，塔也俗稱為繁塔。

繁塔建於北宋太平興國二年（九七七年），是開封市內現存最早的古建築。據文獻記載，此塔原是九層塔，明朝初年遭到破壞，只留下了三層，後來在殘存的塔身上修了一個七層的小塔，作為原塔的剎頂，現在塔的總高度是三一・六七公尺。

現存塔的形式是六角形

三層樓閣式磚塔，每層的收分特別大。一、二層為重簷，簷下有仿木構磚製斗拱。三層塔身外壁嵌砌數十種不同形象的上萬軀佛像，而且刻工精美，非常壯觀。

塔內部有木製樓板和樓梯，可以登上塔頂寬廣的平台，登高遠眺。

在塔的第一層南門的門洞內，東西兩壁有石刻六方，東壁刻《金剛般若波羅蜜多心經》，西壁刻《十善業道經要略》，並附《佛說天請問經第二》。第二層南面門洞內也有石刻六方，刻了《大方廣圓覺修多羅了義經》。這些刻經都是太平興國時期完成的。另外塔內還有很多刻有捐款施主姓名的石刻。

◀河南開封鐵塔，並非鐵鑄，因其遠觀酷似鐵色而得名。
▲河南開封繁塔。

中國石窟、佛寺壁畫與中國繪畫史有何關係？

中國繪畫史源遠流長，具有豐富的傳統和珍貴的遺存。特別是佛教東傳以來，佛教的題材和內容擴大了中國繪畫的視野，也促進中國和外國、漢族和各少數民族間的文化大交融。

從此，中國繪畫或描繪於紙絹的卷軸，或彩繪於粉堊的牆壁。這裡有精細巧密與雄健粗獷之別，有文人專業畫家與民間畫工之別，但其內容形式在古代很少有什麼大的區別。石窟、佛寺壁畫和傳世卷軸畫，同為中國繪畫長廊的有機組成部分。而流傳至今的畫史資料，或記載缺失，或語焉不詳。現存中國外的卷軸畫作品，則為數甚少，尤以早期作品極為罕見。我們從遺存豐富、綿延歷久的石窟、佛寺壁畫入手，結合畫史和卷軸畫資料，相互比照研究，無疑將極大地豐富人們對中國繪畫史的認識。

例如，研究魏晉南北朝繪畫，除了畫史資料，只有依靠現存壁畫來瞭解。十六國時期繪畫「跡簡意淡而雅正」的特點，在克孜爾、莫高窟壁畫中表現為筆法率略，色彩單純，構圖以人物為主體。南北朝時期，是一個吸收外來營養，豐富民族藝術的重要階段，畫風「細密精緻」，用筆「緊勁聯綿」。北魏壁畫，色彩和暈染的作用十分突出，構圖上還是「人大於山，水不容泛」。北朝後期，出現了以曹仲達為代表的佛像畫新風格，畫史上說他畫的佛像「衣服緊窄」，被稱為「曹家樣」。這正是北齊、北周壁畫的特徵之一。梁武帝時的名畫家張僧繇，在繪畫技藝上有獨特的成就，如吸收外來影響創造

的「沒骨」畫法，創作的人物比較豐腴，所謂「張得其肉」、「面短而艷」的形象，在敦煌北周壁畫中，就可以看到那種廣額豐頤的北周新樣。

隋和初唐繪畫，有兩種不同畫派，即以閻立本為代表的中原畫法和以尉遲乙僧為代表的西域畫法。這在莫高窟壁畫上也得到反映，秀麗的人物畫，衣飾如曹衣出水。盛唐時期，寺觀林立，壁畫的應用更廣，繪畫藝術呈現出輝煌富麗、豪邁博大的風格。畫家們多向宗教人物畫方面發展，大畫家吳道子等也就應運而生。莫高窟壁畫中具有「吳帶當風」之勢的人物，氣魄雄偉的大幅經變等，都是時代的產物。五台佛光寺佛座背後的一幅壁畫，描繪天王、力士、天女等人物，筆法似李公麟摹繪的「天王送子圖」，人物「虯鬚雲鬢，數尺飛動」，對於佐證吳氏畫很有意義。

五代兩宋的山水畫、界畫等的發展，達到了新的境地。山西華巖寺金代壁畫，係由畫院待詔王逵等所繪。其精工細密的樓台殿閣和富麗沉穩的青綠山水，可以代表當代的繪畫水平。宋代以後，文人學士和院畫派，多致力於院體畫，宗教壁畫多由民間「眾工」擔任。山西永樂宮、青龍寺、北京法海寺以及西藏佛寺壁畫等，代表了元明清壁畫的發展水平，是美術史的瑰寶。特別是一大批名不見經傳的民間壁畫家的名字及其作品，更是研究民間繪畫傳統的重要資料。

◀北京市法海寺壁繪。
▲山西大同華巖寺金代壁畫諸天王圖。

什麼是造像碑？

造像碑是一種以雕刻佛像為主的古代石刻，外形似碑，上面有佛龕造像。多為佛教造像，少數與道教有關。因為是造像供養性質，往往銘刻造像緣由、題材和造像者姓名、籍貫、官職等，也有時線刻出供養人像。

文獻記載，前趙建初五年（三二二年）佛圖澄造釋迦像碑，是現知年代最早的一例。現存實物，多見於河南、山西、陝西、甘肅、山東等省，以北魏時期最早，北朝晚期（東、西魏，北齊、北周）數量最多，說明造像碑盛行於北朝時期。隋唐時期尚有精品遺世，宋以後日趨衰落。題材內容和藝術風格，一般近於同期的石窟藝術，多係高浮雕作品，但因雕琢精細，選材較好，形體又小，往往多收藏為博物館藏品。

造像碑大致可分為扁體碑形和四面體柱狀兩種。

扁體碑形造像碑，有的有碑額，有的無碑額，造像龕多在碑體正面，碑陰和碑側刻造像人姓名。山西新絳東魏武定二年（五四四年）釋迦多寶造像碑，碑額雕雙龍蟠曲，額上正中刻立佛。碑身上部開龕雕一佛二菩薩，碑側上部也開龕造像。麥積山一三三窟（萬佛堂）中第十號造像碑，無碑額，碑首為圓拱形，下雕釋迦多寶並坐佛龕，最下面為主佛龕，刻一佛二菩薩，龕外刻二力士，龕側上方刻鹿野苑初轉法輪和維摩詰像。山西博物館藏唐武則天時期涅槃變造像碑，為中國此類題材造像碑中的佼佼者。碑身和碑陰用高浮雕手法，雕出釋迦涅槃焚棺、舉哀、起塔等場面，保存也基本完好。鞏縣石窟中保存的十王造像碑，共刻五行、每行二龕共十個佛龕，龕中刻十王像，有十王題名和施主題名。

四面體柱狀造像碑，四面均有雕刻，上下分層，作柱狀體。河南浚縣北齊武平三年（五七二年）造像碑，碑首雕成仿磚木建築的九脊單簷歇山頂，底部雕碑座。碑身四面各開三層龕，據造像銘記，知正面上龕為彌勒，中龕為釋迦，下龕為阿彌陀佛；右側上龕為維摩詰，中龕為涅槃變，下龕為藥師佛；背面上龕為釋迦，中龕大勢至，下龕為釋迦多寶；左側上龕為彌勒、觀世音雙尊，中龕為普賢，下龕為無量壽佛。題材多樣，刻工精美，為此類造像碑中佳品。山西沁水縣南涅水出土的四面體造像碑，作逐層堆疊的塔形，底層最大，向上漸小。四面開龕造像，題材豐富，時代為北魏至宋初。

◀隋代荀國丑造釋迦像。
▶北魏洛陽菩薩造像碑。

什麼是金銅佛造像？

用銅或青銅鑄造，表面鎏金的可移動的佛教造像，叫金銅佛造像。佛像的背光、佛座和像身，大多是分別鑄造再合為一體的。造像題材包括佛、菩薩、天王、力士、諸天等形象。

金銅佛造像在中國大體上是伴隨佛寺的興盛而發達，多供養在佛寺或宮中，流行的盛期大致在南北朝至唐代。它在印度起源較早，在中國佛教初傳期稱金人或金泥銅像。現存的中國金銅佛造像，包括傳世品和出土文物兩大類，其中有些還作為中國早期佛像遺品的代表而聞名，部分精品早年已被盜往國外。

東漢末年，下邳相笮融大造可容三千人的佛寺，於中「以銅為人，黃金塗身，衣以錦采」，一般認為即是金銅佛像，也是中國立寺造像首次見於記載。現存早期金銅佛像，均為西元三至四世紀以後遺品，多著通肩衣，施禪定印，坐四足方座或蓮花台座，身後飾通身大背光。雕法樸拙，衣紋形式化，多具犍陀羅造像的風格。例如，武昌蓮溪寺吳景帝永安五年（二六二年）墓中，一件銅帶飾上鏤刻有佛像，有肉和頭光，袒上身，下穿裙。後趙石虎建武四年（三三八年）銘造像和石家莊北宋村墓中出土佛像，均為後趙遺物，亦是有明確紀年的最早佛像。該像著通肩衣，禪定印，坐四足方座，座前有博山爐和獅子。此外，西北地區出土的夏赫連定勝光二年（四二九年）佛像，遼寧北票將軍山石墓出土北燕太平七年（四一七年）坐佛，均為十六國時期銅佛像。

傳世的南朝金銅佛造像發現較少，現存宋元嘉十四年（四三七年）韓謙造、二十八年（四五一年）劉圓造坐佛像，飾火焰紋背光，面容較俊秀優雅，是南朝像的佳作。北魏太平真君元年（四四〇年）、四年（四四三年）銅佛像等，為北魏滅法前舊有樣式的代表。而北魏正光五年（五二四年）彌勒像，是一組包括一立佛、二立菩薩、二思惟菩薩、四供養菩薩、二力士、十一飛天、二獅子、二博山爐的大型群像，該像造像優美，雕工精細，著褒衣博帶式佛裝，是現知北朝金銅佛造像中的精品。秀骨清像、風神飄逸的作風，反映了孝文帝漢化改革的影響。

東魏和北齊金銅佛造像，一方面表現為繼承北魏造像的某些樣式，同時顯示了向隋唐造像過渡的新作風。隋代造像遺存也較少，開皇四年（五八四年）董欽造阿彌陀佛像，包括一佛、二菩薩和二力士，為隋代造像佳品。

唐代以來，中國佛教史上出現了以建立宗派，傳譯佛經，發展寺院經濟為主的新階段，單純的金、石佛造像較前減少，木雕、鑄鐵佛造像等漸次流行。但唐代金銅佛造像仍不乏精品，陝西臨潼邢家村、扶風法門寺等地出土的銅佛像，形體婀娜多姿、雕鏤精工，反映了唐代雕塑藝術的高水平。

◀ 六臂大黑天像。大黑天是藏傳佛教的主要保護神，通常作為戰神的形象出現。

▲ 陝西扶風法門寺地宮出土的鎏金銀質捧真身菩薩像。

什麼是佛教帛畫、繡像和織成像？

帛畫、繡像、織成像等與佛教有關的圖像，都是利用絲織品創作佛教題材的形象，多屬於佛教供養像。

帛畫是畫在絲織品上的畫，起源甚早，起初多為墓中的殉葬品，如長沙戰國墓中出土的人物鳳和人物御龍帛畫，漢代馬王堆古墓出土的車馬儀仗等五幅帛畫。佛教繪畫興起後，帛畫遂大量描繪佛教題材形象，如佛、菩薩、天王、力士像以及說法畫、經變畫等，其中以敦煌石室所出佛教絹繪帛畫為大宗，只可惜多流入海外。

繡像是用絲線在織物上刺繡出來的佛像。其最重要的發現，是敦煌莫高窟清理出來的北魏太和十一年（四八七年）佛說法圖殘件，該繡佛滿地用鎖針繡出坐佛、立菩薩、男女供養人和各種散花，還有「廣陽王慧安」的一百四十多字發願文。繡佛線條流利，紋飾複雜，還運用具有深淺效果的配色方法，很接近繪畫的效果，是古代繡像精品。唐代的刺繡工藝，更廣泛應用於繡佛像、佛經上，有了長足的發展。《白樂天集》中，記有繡佛三事：一繡阿彌陀佛，金身螺髻，玉毫紺目；一繡救苦觀音菩薩，長五尺二寸，寬一尺八寸；還繡阿彌陀佛一幅。可見其技藝成熟，臻於化境。

織成像，也叫緙絲像，是用絲和金線手工織成的，為絲織佛像中的上品。古代多用於朝廷賞賜或外國進貢物。例如，武則天時，曾下令製作織成錦及刺繡佛像四百餘幅，分送各寺院及鄰國。

▼ 敦煌莫高窟壁畫學堂。寺學是寺院設置的義學，此畫展現了學堂生活的一幕。

什麼是木版佛畫和其他類造像？

隨著唐代佛教的興盛，刻版印刷術的發明和木雕藝術的發達，木版畫成為中國版畫的主流，並且至遲在西元八至九世紀首先為佛教畫所利用，這就是木版佛畫。

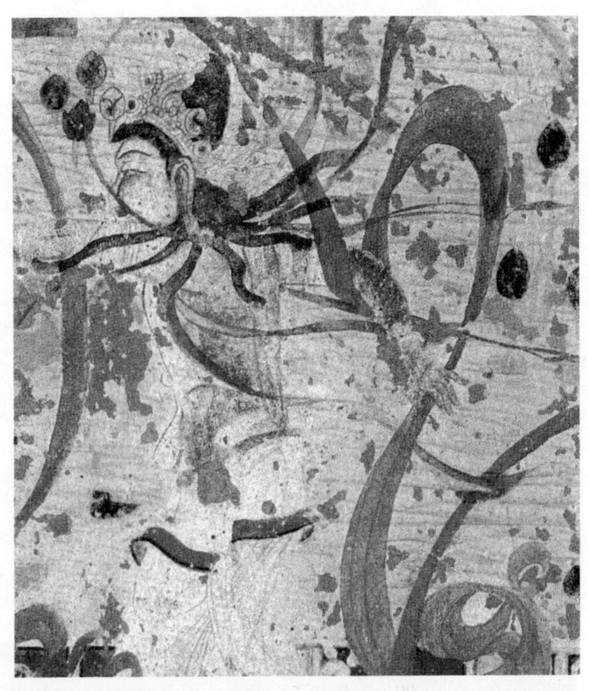

中國現存的印刷品，以佛教經像較多，其中佛畫包括單頁佛像和佛經的扉畫和「引首」，不僅數量多，而且大都刻工精細。實際上，刻版印刷術大興以前，中國木版佛畫就已經出現。西元七世紀中葉，唐玄奘曾以回鋒紙印普賢菩薩像，布施四方。印刷術流行後，開始只刻印市民階層常用的通俗書和佛教經像，這對於推動佛教傳播起過重要作用。現存最早的木刻印書，就是敦煌發現的唐咸通九年（八六八年）王氏出資雕印的卷子本《金剛經》，首頁扉畫釋迦說法圖，刀法遒美，神情肅穆，是一幅接近版畫成熟期的作品。此後，唐代佛經版畫漸多，中國多處曾有發現。 宋代由政府組織雕造大藏經後，佛經扉畫率多精美之作，如開寶藏、趙城藏、契丹藏中的扉畫。山西應縣佛宮寺塔，還曾出土單獨的木版印製佛說法圖。宋元以後迄明清，凡刻印佛經的，幾乎沒有不附佛畫插圖的。元至元六年（一三四〇年），湖北江陵資福寺刻印的無聞和尚《金剛經註解》，卷首靈藝圖和經注用朱墨二色套印，是為中國現存最早的木刻套色印本。

其他類造像，包括金鍱像、珠像、夾紵像、人中像、善業泥像等，均為數量較少的特別種類造像。金鍱像又名錘鍱像，是用薄銅片搥打而成的佛像，自西晉即採用此種造像法。珠像是用珍珠串連鑲成的佛像。夾紵像又名乾漆像或脫沙像，造像為先用泥揑塑成形，加木架支撐，蒙以麻布，然後層層塗漆。待漆乾燥凝固後，除去其中的泥土、木架，即成夾紵像。人中像全名「盧舍那法界人中像」。用模壓泥而成的小型佛像，唐代稱「善業泥像」，它是僧人逝世火葬後，用骨灰攙泥以模型壓製出來的佛像，佛背多模印「大唐善業」等字樣。藏傳佛教多以銅模壓泥製成各種佛像，亦屬此類。

▲ 敦煌莫高窟胡旋舞壁畫。胡旋舞源於中亞，以女子表演為主，動作快速，輕盈、連續旋轉，風靡於唐代開元年間。

什麼是石經和經幢？

石經是中國古代刻於石碑、經石、石窟和摩崖上的儒家經籍和佛、道經典，其中以佛教石經居多。刻佛經於石，始於北魏末，盛於北朝末年。龍門北魏蓮花洞中，已刻有《般若波羅蜜多心經》。

北齊時，刻石經盛行，如山東泰山經石峪、太原晉祠風峪所刻華嚴經。大規模鐫刻佛經，當屬響堂山石窟。北響堂第三窟外唐邕寫經碑記載，自天統四年（五六八年）至武平三年（五七二年），唐邕刻《維摩詰經》、《勝鬘經》、《孛經》、《彌勒成佛經》等四部佛經。他刻經原因，是石經可以永久保存，並發願將釋迦所說一切經，盡刻於名山。此外，南響堂和小響堂石窟還刻有《華嚴經》、《多心經》、《法華經》，河北涉縣媧皇宮、木井寺刻有北齊《深密解脫經》、《十地經》、《佛說思益梵天問經》、《法華經・觀世音普門品》等佛經多部。河南安陽小南海石窟北齊天保六年（五五五年）刻《華嚴經偈贊》、《大般涅槃經・聖行品》。隋代刻經，以開皇九年（五八九年）安陽寶山大住聖窟較早，刻有《大集經月藏分》、《五十三佛名》等經多部。

佛教石經以北京房山雲居寺最為有名。房山石經是靜琬於隋大業十二年（六一六年）始刻，至唐貞觀的三十餘年中共刻法華、涅槃、維摩、華嚴等百餘石。後經唐、遼、金、元、明歷代續刻，共存石經一萬五千零六十一石，其中完好的經石一萬四千多石，共刻佛經約一千種，九百多部，三千多卷，包括題記六千

多則。這是中國現存數量最大的文字銘刻，在東方文化史上有極高的學術價值。

唐代石刻以四川安岳臥佛院石窟，唐開元年間刻經洞最重要。該處有經窟一五窟，共刻佛經七十餘部，經文四十餘萬字。此外，大足寶頂山小佛灣經目塔，鐫刻《佛說十二部經》，為南宋刻經。

經幢也是中國古代的一種佛教石刻。幢原為一種絲帛製成的傘蓋狀物，頂裝摩尼寶珠，懸於長桿，供養佛前。據《佛頂尊勝陀羅尼經》，此經書寫幢上，幢影映於人身，則可不為罪垢染污。初唐時，開始用石頭模仿絲帛經幢，稱為陀羅尼經幢。最早實例是陝西富平永昌元年（六八九年）幢。經幢一般可分為幢座、幢身、幢頂三部分，分別雕刻，逐級累建而成。幢身多為八面體，上雕陀羅尼經、咒或佛像等，亦有少量刻多心經、楞嚴經等佛經。

◀廣東韶關南華寺經幢。
▶北京房山雲居寺石經。

佛教造像與道教、儒家造像有何關係？

在佛教思想籠罩全社會的魏晉南北朝時代，存在著儒、釋、道三家思想的融合與鬥爭。佛教雖在中國政治和社會中起很大的影響，但中國本土上滋長起來的道教和傳統的儒家學說也占有重要的地位。

在維護統治階級利益和現行統治秩序上，佛、儒、道三者的根本立場並無大的衝突。因此，從漢代獨尊儒術轉變為儒、釋、道三教並序，在中國宗教史上進入了一個嶄新的階段。由於中國國情和儒家文化傳統的性質所決定，三教之間的關係是以儒為主導，佛道二教為輔翼。三教鬥爭的過程，同時也是它們之間相互吸收、滲透和補充的過程，在鬥爭中求得融合。

就佛教造像而言，早期造像還多少具有西方格調，北魏孝文帝以後，逐漸向中國化的方向發展，開始形成有別於新疆的新特點。佛的服飾、面容、坐具乃至題材內容，都發生了變化。

道教產生於漢代，但因黃巾起義遭受政治鎮壓而一度一蹶不振。佛教乘勢得以發展。進入魏晉南北朝時代，佛、道二教都有蓬勃的發展。至遲在十六國後期或南北朝初期，開始出現道教造像。最初的道像，曾受到佛像的影響。從坐式、花紋、組合關係到發願文格式，許多地方學習乃至模仿佛像樣式。早期道像還有佛、老同龕現象，這是可以理解的。道教為爭取群眾，仿傚佛教造出偶像，欲與之一較高下。但在這種鬥爭中，已埋下了殊途同歸的種子。因為無論是佛像還是道像，都要為中國人所接受，都要走一條中國化的道路。

這一現象，在封建經濟和封建文化高度發達的宋代，表現得格外明顯。理學勃興，成為宋以後封建思想的脊梁。理學是儒家學說吸收佛教禪宗某些理論，援佛入儒的產物。水陸法會和水陸畫的興盛，也與此不無關係。三教合一造像，應運而

生。大足石篆山、妙高山等處石窟，出現了最早的三教合一造像，釋迦等諸佛與老子、文宣王（孔子）及其門下十哲，同處一座石窟，甚或同處一龕，非止一處。一些造像主，不僅造佛像，同時還出資造道像或儒家聖哲形象，一些民間工匠，也同時雕造儒、釋、道三教造像。到了這時（自然還有此後），不管是外來的佛教還是中國的儒教、道教，都已被看做自己民族可以接受的宗教。釋迦、老子和孔子，都是中國人的偶像。就是佛像，也不大像外國人，更像中國人了。其結果，必然是殊途同歸、兼容並包到中國文化這一大的範疇中去了。

◀ 重慶大足石刻妙高山二號三教合一窟（南宋），窟高三百一十四公分，寬二百八十公分，深三百二十二公分。正中像為釋迦牟尼，左壁為老君像，右壁為孔子像。儒、釋、道三教合一窟，在全國乃屬少見。

▶ 三教圖，描繪佛、道、儒三教創始人釋迦牟尼、老子、孔子三人辯經論道的情形，體現了「三教合一」的社會思潮。

國家圖書館出版品預行編目資料

佛教百科・藝術卷／丁明夷著. --第一版. --臺北市：胡桃木文化, 2007〔民96〕
面； 公分. --（額爾古納.佛教百科；4）
ISBN 978-957-8320-85-7（平裝）

1. 佛教藝術 - 問題集

224.5022　　95023825

佛教百科 04

佛教百科・藝術卷

作　　者：丁明夷
責任編輯：苗　龍
發 行 人：謝俊龍
出　　版：額爾古納出版
106台北市安居街118巷17號
Tel：(02)2364-0872　Fax：(02)2364-0873
http://www.clio.com.tw
reader@clio.com.tw
總 經 銷：飛鴻國際行銷股份有限公司
Tel：(02)8218-6688　Fax：(02)8218-6458～9
http//:www.fh6688.com.tw
排　　版：方野創意　Tel：(02)2230-8611
製　　版：漢藝有限公司　Tel：(02)2247-7654
出版日期：2007年3月　第一版第一刷
定　　價：380元

ISBN 978-957-8320-85-7　　Printed in Taiwan